ZIGZAGS.

DU MÊME AUTEUR:

LA JEUNE FRANCE.	1 vol.
MADEMOISELLE DE MAUPIN.	2 vol.
FORTUNIO.	1 vol.
UNE LARME DU DIABLE.	1 vol.
TRA LOS MONTES.	2 vol.
LES GROTESQUES.	2 vol.
ALBERTUS (poésies).	1 vol.
LA COMÉDIE DE LA MORT (poésies).	1 vol.

SOUS PRESSE :

LA PEAU DE TIGRE.	2 vol.

Imprimerie DONDEY-DUPRÉ, rue Saint-Louis, 46, au Marais.

ZIGZAGS

PAR

THÉOPHILE GAUTIER.

PARIS.
VICTOR MAGEN, ÉDITEUR,
21, QUAI DES AUGUSTINS.

1845

UN TOUR EN BELGIQUE.

Avant de commencer le récit de ma triomphante expédition, je crois devoir déclarer à l'univers qu'il ne trouvera ici ni hautes considérations politiques, ni théories sur les chemins de fer, ni plaintes à propos de contrefaçons, ni tirades dithyrambiques en l'honneur des millions au service de toute entreprise dans cet heureux pays de Belgique, véritable Eldorado industriel; il n'y aura exactement dans ma relation que ce que j'aurai vu avec mes yeux, c'est-à-dire avec mon binocle ou avec ma lorgnette, car je craindrais que mes yeux ne me fissent des mensonges. Je n'emprunterai rien au guide du voyageur, ni aux livres de géographie ou d'histoire, et ceci est un mérite assez rare pour que l'on m'en sache gré.

Ce voyage est le premier que j'aie jamais fait, et j'en ai rapporté cette conviction, à savoir, que les auteurs de relations n'ont pas seulement mis le bout du pied dans les pays qu'ils décrivent, ou que, s'ils y ont été, ils avaient, comme l'abbé de Vertot, leur siége fait d'avance. Diverses lettres sur la Belgique que j'ai lues depuis mon retour m'ont singulièrement étonné pour la dépense d'imagination et de poésie qu'on y a fait. Assurément je n'y ai pas reconnu la contrée ni les hommes que je venais de quitter.

A présent, si le lecteur curieux veut savoir la raison pour laquelle j'ai été en Belgique plutôt qu'ailleurs, je la lui dirai volontiers, car je n'ai rien de caché pour un être aussi respectable qu'un lecteur. C'est une idée qui m'est venue au Musée, en me promenant dans la galerie de Rubens. La vue de ces belles femmes aux formes rebondies, ces beaux corps si pleins de santé, toutes ces montagnes de chair rose d'où tombent des torrents de chevelures dorées, m'avaient inspiré le désir de les confronter avec les types réels. De plus, l'héroïne de mon prochain roman devant être très-blonde, je faisais, comme on dit, d'une pierre deux coups. — Voilà donc les motifs qui ont poussé un honnête et naïf Parisien à faire une courte infidélité à son cher ruisseau de la rue Saint-Honoré.—Je n'allais pas, comme le père Enfantin, en Orient chercher la femme libre, j'allais au Nord chercher la femme blonde; je n'ai pas beaucoup mieux réussi que le vénérable père Enfantin, ex-dieu, et maintenant ingénieur.

Vous savez avec quelle difficulté un Parisien s'arrache de Paris, et comme la plante humaine pousse de profondes racines à travers les fentes de son pavé. Je restai bien trois mois à me décider à ce voyage de quinze jours. Mon paquet fut fait et défait dix fois, et ma place retenue à toutes les diligences ; j'avais dit je ne sais combien de fois adieu aux trois ou quatre personnes que je croyais capables de s'apercevoir de mon absence ; ma sensibilité souffrait beaucoup de la répétition de ces scènes pathétiques, et je commençais à avoir mal à l'estomac, à force de boire le coup de l'étrier; enfin un beau matin, ayant changé un assez gros tas de pièces de cent sous contre un fort petit tas de louis, je me pris au collet moi-même, et je me mis à la porte de chez moi, en enjoignant au camarade que j'y laissais, de me tirer dessus comme sur un loup enragé si je m'y représentais avant trois semaines, et je m'en fus à la fatale rue du Bouloi où était la voiture.

Il est clair que le départ d'un ami doit affecter douloureusement les âmes sensibles ; et pourtant, si vous restez après avoir annoncé un voyage, quelque chose qui ne ressemble pas mal à un mécontentement commence à se produire dans votre entourage ; il semble que vous ne soyez plus en droit de prendre le pont des Arts pour un sou et le pont Neuf pour rien. Votre portier, lorsque vous rentrez, ne vous tire le cordon qu'à regret; Paris vous pousse par les épaules, et votre propre chambre vous regarde comme un intrus. C'est ce qui m'arriva pour avoir dit que j'allais à Anvers. La divinité *que j'adore*, tout en convenant que ces trois semaines lui paraîtraient fort longues, me faisait remarquer que j'aurais dû être parti depuis longtemps.

Si vous allez en Belgique, et que vous ayez des amis lettrés, l'inconvénient est double. Rapportez-moi mon dernier roman, ou mon volume de poésies, un Hugo, un Lamartine, un Alfred de Musset, un Manuel du libraire (4 vol. in-8°, excusez du peu). Vous aurez bien soin de les couper, car sans cela on les saisirait à la douane; et que sais-je, moi! des listes de trois pages, plus longues que la liste de don Juan! *Sono Mille e trè*, et encore personne n'a la délicatesse de vous offrir une bourse pleine et une malle vide pour rapporter tout ce bagage.

Mon père, qui m'accompagna à la diligence, se comporta fort bien dans cette suprême circonstance; il ne me pressa pas sur son cœur, il ne me donna point sa bénédiction, mais aussi il ne me donna rien autre chose. Ma conduite fut également très-mâle : je ne pleurai point; je n'embrassai point le sol de cette belle France que j'allais quitter, et même je fredonnai assez gaiement et aussi faux qu'à mon ordinaire, un petit air qui est mon *lilla burello* et mon *tirily;* mais tout mon courage m'abandonna quand je vis arriver mes deux compagnons, ou plutôt mes deux compagnes de voyage : c'étaient deux femmes de vingt-neuf à soixante ans, avec des chapeaux extravagants, des manches violentes, des frisures hors de proportion, des nez insociables, et le plus cannibale, et le plus odieusement criard de tous les perroquets verts mélangés de rouge, qui ait jamais fait le désespoir d'un honnête homme, prisonnier dans un coupé. A cette vue, mon sourcil

Prit l'effroyable aspect d'un accent circonflexe,

et je me sentis le cœur triste jusqu'à la mort. Fort heureusement, je trouvai une autre place dans l'intérieur, ainsi que mon brave camarade

Fritz, dont je ne vous ai pas encore parlé et dont je vous parlerai plus d'une fois, car c'est le meilleur fils du monde. La voiture partit, et, arrivés à la barrière de la Villette, nous pûmes dire comme J. J. Rousseau : Adieu Paris, ville de boue, de fumée et de bruit.

Comme les abords de la reine des villes sont misérables ! Il n'y a rien de plus pauvre au monde que ces maisons dont les flancs, mis à nu par la démolition des bâtiments voisins, conservent encore la noire empreinte des tuyaux de cheminée, des lambeaux de papier, et des restes de peinture à demi effacée, et que tous ces terrains vagues coupés de flaques d'eau, et bossués de tant d'ordures, que l'on voit aux environs des barrières : cette dégradation et cette saleté me furent surtout sensibles au retour, accoutumé que j'étais à la propreté et à la bonne tenue des villes flamandes.

Fidèle à mes devoirs de voyageur pittoresque, je mis le nez à la portière pour voir un peu de quelle façon se comportait la nature à ma droite et à ma gauche. J'observai d'abord une grande quantité de troncs d'arbres que je renoncerai à décrire un à un, vu que cela pourrait à la longue devenir un peu monotone ; ces troncs d'arbres, dont je ne pouvais apercevoir le feuillage, galopaient de toute la vitesse des chevaux et fuyaient comme une armée de bâtons en déroute. A travers cette espèce de grillage mouvant, apparaissaient des terres labourées, des cultures de teintes différentes, quelques petites maisons, avec un filet de fumée, des processions de peupliers, des groupes d'arbres à fruit, et, tout à l'extrême bord, un ourlet bleu, haut de deux doigts ; puis, par-dessus, de grands bancs de nuages gris-pommelé, avec des traînées d'azur verdâtre à de certains points du ciel, et des entassements de flocons neigeux, comme une fonte de glace dans une des mers du pôle. Le ciel était très-beau, grassement peint, d'une touche large et fière ; quant aux terrains, je les ai trouvés beaucoup moins bien réussis ; les lignes étaient froides, la couleur sèche et criarde : je ne conçois pas comment la nature pouvait avoir l'air aussi peu naturelle et ressembler autant à une mauvaise tenture de salle à manger. Je ne sais si l'habitude de voir des tableaux m'a faussé les yeux et le jugement, mais j'ai éprouvé assez souvent une sensation singulière en face de la réalité; le paysage véritable m'a paru peint et n'être, après tout, qu'une imitation maladroite des paysages de Cabat ou de Ruysdaël. Cette idée me revint plus d'une fois en voyant se dérouler dans la vitre ces interminables rubans de terre couleur chocolat et ces files d'arbres du plus délectable vert épinard que l'on puisse imaginer.

Il est certain qu'un peintre qui risquerait de pareils feuillages et de semblables terrains serait accusé par tout le monde de ne pas faire *nature*; tout cela était découpé comme à l'emporte-pièce, avec une crudité, une dureté, et un manque de perspective aérienne inconcevables: les décorations du *Gymnase*, où l'on voit de grands gazons en manière de tapis de billard, avec des allées café au lait et des maisons qui ont l'air d'avoir mis des pantalons de nankin, ressemblent à la nature beaucoup plus qu'on ne le croit.

Voilà pour la couleur; pour la forme, figurez-vous je ne sais combien de lieues de bandelettes, dans le genre de ces dessins transversaux lithographiés par Arnout, qui représentent les quais ou les boulevards; il n'y a pas de comparaison plus juste.

A une espèce de descente assez rapide, je remarquai sur les bords du chemin, une certaine quantité de petites croix d'un aspect passablement sinistre, et l'on m'apprit que ces croix marquaient les endroits où de pauvres postillons s'étaient tués en tombant de cheval, et où la diligence avait versé avec une grande perte de commis-voyageurs et autres ustensiles ; explication qui fit jeter les hauts cris à une manière de femme d'un âge désagréable ornée de deux yeux charbonnés, d'un nez pudiquement rouge, et, pour moyen de séduction principal, de trente-deux dents d'un ivoire jaunâtre, longues et larges comme des manches de couteaux, et de l'aspect le plus formidable du monde, cette intéressante jeune personne, qui déployait de profondes connaissances stratégiques et paraissait connaître intimement toute l'armée française, se tenait accroupie dans un angle de la voiture, entourée de toutes sortes de sacs et de poches contenant des vaisselles inconnues qui rendaient des bruits étranges à chaque cahot de la voiture. De dix minutes en dix minutes, elle s'évanouissait avec une régularité qui eût fait honneur à la montre la mieux réglée.

Puisque j'ai ébauché ce portrait, pour que la collection soit complète je vais donner ici la description succincte du reste de la carrossée. — Premièrement, un grand vieillard, maigre comme un lézard qui a jeûné six mois, et pour ainsi dire momifié, si sec, que s'il eût mouché la chandelle avec ses doigts, il se serait infailliblement allumé. Son front peaussu avait plus de fossés et de contrescarpes qu'une ville fortifiée à la Vauban. Ses joues flétries et traversées de fibrilles écarlates ressemblaient à des feuilles de vigne grillées par la gelée; et sa bouche noire, dans sa figure terreuse, représentait assez bien une ouverture de tirelire. Ce témoin des anciens jours, ce contemporain du monde fossile, sans crainte de faire *rougir* ses cheveux *blancs*, se livrait aux facéties les plus anacréontiques, et racontait ses bonnes fortunes aux époques reculées où il avait dû fleurir; il ne tarissait pas;

>Près de lui, non, Hercules
>Et Jupiter n'étaient que des fats ridicules.

Sa principale histoire consistait en un amour qu'il avait eu pendant la révolution pour une déesse de la Liberté, qui était fort *libertine*, jeu de mots qu'il semblait affectionner beaucoup ; il la répéta cinq ou six fois de cinq à six manières différentes. Je pense que la vérité ne se trouvait dans aucune de ces versions.

Secondement, — certain être excentrique et mystérieux à qui je ne pus d'abord assigner de profession ; il était vêtu d'une façon bizarre : sa redingote prétentieusement coupée, d'une étoffe luisante, avait des reflets métalliques très-singuliers ; on eût dit qu'il sortait de la rivière ou qu'il venait de recevoir une ondée. Une petite casquette toute recroquevillée se dandinait, sans perdre l'équilibre, sur sa petite tête toute bossuée et pleine de protubérances. Le pantalon était insignifiant; mais les bottes me parurent douteuses, pour ne pas dire suspectes. Je n'ai jamais vu une plus drôle de physionomie; un sourcil crochu, et placé beaucoup plus haut que l'autre, lui donnait quelque chose d'effaré et d'extravagant dont l'effet comique ne peut que difficilement se rendre. Son nez semblait un coin que l'on eût fait entrer de force au milieu de sa figure ; son menton avait été taillé à coups de hache par la négligente nature, et du milieu de son cou, laissé à découvert par une cravate très-basse, s'avançait un énorme cartilage qui eût fait dire aux bonnes femmes qu'un fameux quartier de la pomme fatale s'était arrêté à sa gorge, et qu'il ne pouvait pas se défendre d'en avoir mangé. Des tics nerveux lui agitaient la face de temps en temps; il roulait des yeux exorbitants, et brochait des babines comme un singe qui dit ses patenôtres tout bas. Cet homme avait, à coup sûr, posé pour le premier casse-noisette que l'on ait fait à Nuremberg : du reste, il ne sonnait mot. J'aurais cru que c'était un poëte qui cherchait une rime à *triomphe* et à *oncle,* tant il avait l'air profondément occupé. Mais la forme de ses mains ne me permit pas de m'arrêter à cette supposition purement gratuite. — On verra plus tard quel était ce personnage drolatique, qui semblait échappé d'un conte fantastique d'Hoffmann, et qui, en effet, y eût tenu fort bien son rang.

Je ne vous ferai pas la topographie de mon illustre camarade, de peur d'offenser sa modestie et de violer son incognito. Vous y perdez beaucoup, car, dans cette heureuse expédition à la recherche du bouffon, ce que j'ai vu de plus bouffon, c'est très-certainement lui ; je vous dirai seulement qu'il ne jeta pas une fois les yeux sur le pays qu'il traversait, et qu'il employa tout son temps à lire *la Nouvelle Héloïse* ou *la Fleur des Exemples*, occupation on ne peut plus édifiante.

Vers la frontière du département de la Seine,

on ouvrit la porte de notre ménagerie, et on y poussa un animal nouveau ; je n'en avais jamais vu de semblable : c'était un agréable Wallon avec la blouse patriotique et la casquette conforme; cette chose en avait sous le bras une autre en fer-blanc, de figure oblongue, et d'un contenu ténébreux. Ce monsieur s'encaissa entre moi et le vieillard aux paroles légères, puis tira de sa poche un disque prodigieux que je pris d'abord pour une table de douze couverts, ou une meule de moulin, mais qui était véritablement une tabatière dont les deux charnières poussaient, en tournant sur elles-mêmes, des miaulements plus affreux que ceux de vingt chats écorchés vifs. La boîte de Robert Macaire est un harmonica en comparaison. Le Wallon puisait dans ce cratère des poignées de poudre dont il farcissait sa trompe en renâclant avec un bruit formidable, comme Leviathan ou Behémoth quand ils éternuent ; mais n'anticipons pas sur les relais et les événements.

La voiture roulait toujours, et nous arrivâmes bientôt dans un village, un hameau ou un bourg, je suis profondément incapable de vous dire lequel, dont les maisons portaient, sans en excepter une, écrites sur le front, en caractères de toutes les grosseurs, et avec toutes les fautes d'orthographe possibles et impossibles, cette inscription alléchante et fallacieuse : *A la renommée du ratafia.* Comme on changeait de chevaux dans cet endroit, nous descendîmes de notre juchoir, et nous allâmes vérifier l'assertion en touristes pleins de conscience. Nous commençâmes par les épiciers de gauche, et nous finîmes par ceux de droite, et, j'en jure par Hécate aux trois visages et par le Styx infranchissable, c'est une affreuse déception : figurez-vous quelque chose d'amer et de fade, un abominable arrière-goût de mélasse, comme du cassis tourné. O voyageur trop confiant! ne buvez jamais de ratafia à Louvres; que notre malheur ne soit pas inutile à l'humanité! — Dans le même lieu, nous vîmes par compensation un Hôtel-Dieu gothique, avec des ogives à pointes de diamant d'un caractère assez beau, et des mendiants si bien vêtus et de si bonne mine, que nous fûmes tentés de leur demander l'aumône.

Senlis, que nous laissâmes derrière nous, semblait nous poursuivre en nous montrant le ciel avec le grand doigt de son clocher. Hélas ! nous ne songions guère au ciel, mais bien à la table d'hôte, car la faim, *malesuada*, nous éperonnait furieusement, et nous commencions à nous regarder avec des figures terribles, comme Ugolin et ses fils dans la tour : et si nous n'étions pas arrivés à Courtnay, lieu de la dînée, nous allions tirer au sort pour savoir qui de nous serait mangé par les autres.

Que le lecteur ne regrette pas le temps que nous avons mis à décrire les habitants temporaires de cette petite ville à quatre roues que l'on nomme diligence ; la route n'avait exactement rien de curieux, la nature continuait à se moquer de moi, et à garder ses airs de plan lavé ; c'étaient toujours des peupliers semblables à des arêtes de poisson, des cultures bariolées, comme le livre d'échantillon d'un tailleur, des feuillages de fer-blanc peint, et un sol de sciure de bois, des arbres, de la terre, et du ciel comme toujours; pas le moindre petit point de vue, pas le plus petit site — romantique et pittoresque,

Nous nous arrêterons ici, et nous laisserons l'imagination du lecteur se reposer sur une scène riante : qu'il se représente une grande table, où rayonnaient sur une belle nappe blanche des constellations de plats et d'assiettes garnies; plus, deux jeunes voyageurs enthousiastes, avec une douzaine d'autres voyageurs très-positifs, à qui leurs serviettes passées autour du cou donnaient l'air de héros grecs, dans leur chlamyde de marbre, ressemblance que confirmait encore la mine belliqueuse avec laquelle ils brandissaient leurs armes offensives.

O fallacieux aubergistes! vous, à qui l'on peut appliquer aussi justement qu'aux femmes le mot de Shakspeare : *Perfides* comme l'onde, Palforios machiavéliques, hôtes à double face, croyez-vous que, malgré mon apparente candeur, je ne me suis pas aperçu de votre diabolique invention, pour faire perdre à de malheureux voyageurs mourants de faim dix des précieuses vingt minutes accordées par l'implacable conducteur, pour prendre leur repas?

Je dénonce au monde ambulatoire et touriste cette exécrable ruse, d'autant plus dangereuse, qu'elle se présente sous la forme d'une belle soupière de porcelaine opaque, à filets bleus, remplie d'un potage suffisamment étoilé, ce qui éloigne d'abord toute méfiance ; mais ce bouillon qui a plus d'yeux qu'Argus, a sans doute été fait dans la marmite du diable, avec un volcan pour fourneau, car il dépasse de plusieurs degrés la chaleur du plomb fondu, et bout encore dans l'assiette.

Mon acolyte Fritz, plongeant d'une façon résolue sa tête luisante à travers les tourbillons de tiède fumée qui s'élevaient de cette mixture insidieuse, en prit une énorme cuillerée ; du milieu de l'épaisse vapeur on entendit sortir un cri, et l'on vit bientôt le digne Fritz faisant une grimace horrible et tenant à la main comme un gant retourné les deux premières pellicules de sa langue.

Malgré notre faim plus que canine, instruits par ce fatal exemple, nous sommes forcés d'attendre et de laisser refroidir notre soupe, car,

pour tolérer une pareille température, il faudrait avoir le palais doublé, cloué et chevillé en cuivre. Les aubergistes le savent bien, et ils calculent en conséquence ; ce potage si habilement maintenu à cent cinquante degrés centigrades, leur épargne trois ou quatre volailles, et leur sauve complétement le dessert. Ce retard était d'autant plus douloureux, que le plus goguenard des coucous, nous regardant avec les deux trous par où on le remonte, comme avec deux prunelles, semblait nous mépriser infiniment, et nous poursuivre de son tic tac ironique, qui nous disait en langage d'horloge :
— L'heure coule, la soupe est toujours chaude.

J'en appelle à toutes les civilisations antiques et modernes, y a-t-il rien de plus noir?

Un autre inconvénient se présenta : quoique mon ami et moi, nous eussions tâché de n'être pas à table à côté d'une dame, de peur d'être obligés de nous montrer honnêtes et galants, chose fort ennuyeuse quand on veut dîner sérieusement, nous ne pûmes éviter qu'il s'en trouvât une à notre droite.

— J'avoue que rien au monde ne me déplaît comme de donner à une inconnue, faite de façon à vous faire estimer heureux de ne l'avoir jamais rencontrée, la seule chose que je puisse manger d'un poulet, c'est-à-dire l'aile et le blanc. Fritz, qui vit ma douleur, tourna habilement la difficulté, en prenant au passage de l'assiette tout ce que le poulet pouvait avoir d'ailes. Par cette manœuvre savante, je ne pus offrir à la dame ni aile ni blanc, Fritz les ayant confisqués d'autorité; je pris par contenance un petit morceau de peau grillée, et la dame désappointée n'eut pour sa part qu'une cuisse filandreuse et sèche comme elle-même: puis, le magnanime Fritz, feignant d'avoir eu plus grands yeux que grand ventre, me repassa la moitié de sa capture : de cette façon je mangeai l'aile, et je n'eus pas l'air malhonnête, et le beau sexe de la diligence put garder une opinion favorable de moi.

Voilà de ces actions dont on se souvient jusqu'au monument, et qui forment des amitiés indissolubles: Oreste et Pylade, Énée et Achate,

Thésée et Pirithoüs s'étaient sans doute rendus de pareils services à table d'hôte. O amitié! quoique M. Alexandre Dumas t'appelle dans Antony un sentiment faux et bâtard, je te proclame ici une chose fort agréable et supérieure à l'amour, sous le rapport des ailes de poulet.

Cette bataille entre les aubergistes et les voyageurs, que l'on nomme dîner, s'étant terminée sans trop de désavantages pour nous, grâce à notre expéditive férocité, l'on nous remit en cage, et nous partîmes au grand galop.

Le petit être excentrique, dodelinant la tête plus fort que de coutume, grommelait entre ses dents : Le mauvais dîner, oh! mauvais en vérité! Puis il retombait en rêveries. Après quelques grimaces nerveuses plus fantastiques les unes que les autres, il plongea sa main osseuse dans une des poches de sa redingote, et en retira un portefeuille trop volumineux pour être celui d'un poëte élégiaque ou d'un vaudevilliste. Il ouvrit son portefeuille, et tira d'un des goussets quelque chose de noir, qu'il se mit à observer d'un air de satisfaction indéfinissable. Bon! me dis-je en moi-même, c'est une boucle de cheveux de sa maîtresse; il parait que c'est un amoureux; cependant, il a un drôle de nez et de singulières bottes.

J'aime les *amoureux*, en étant moi-même un, et je le regardai d'une façon plus bienveillante sans doute, car il me tendit le petit chiffon noir qu'il tenait à la main, comme à quelqu'un qu'il jugeait digne de le comprendre; puis, il demeura coi dans son angle, fixant sur moi des yeux dont la pupille était complétement entourée de blanc, les lèvres prêtes à se joindre derrière la tête dans un sourire surhumain, et le front illuminé du plus rayonnant orgueil, attendant en silence l'explosion de mon étonnement.

Dignes lecteurs, fussiez-vous OEdipe (prononcez *Édipe*, comme Kean qui se prononce *Kine*), vous ne devineriez jamais ce que m'avait donné à examiner le petit monsieur hétéroclite dans l'intérieur de la diligence de Paris à Bruxelles.

Quand j'eus bien retourné la chose dans tous

les sens, de l'air d'un singe qui tient une montre, l'être étonnant en redingote luisante me dit avec un ton de jubilation profonde et contenue :

— Eh bien ! monsieur, qu'y trouvez-vous ?

— C'est un petit habit de drap brun cousu de fil blanc, comme les malices de Gribouille ; voilà ce que j'y trouve, monsieur, et rien de plus. Je ne vois pas trop ce qu'on pourrait faire d'un pareil habit. Est-ce que vous seriez, par hasard, directeur des hannetons savants ?

L'individu fit un signe de tête négatif.

— Alors, vous êtes M. Gulliver, et vous revenez de Lilliput avec l'habit d'un des naturels de l'endroit ; pourriez-vous m'en montrer la culotte ?

— Je ne suis pas M. Gulliver, et je ne le connais pas ; je viens de Paris, où j'ai vendu quatorze de ces petits habits cent francs pièce, et je vais comme vous à Bruxelles, où nous arriverons demain soir, s'il plaît à Dieu et aux maîtres de poste ; mais, regardez bien encore l'habit, et surtout la couture.

Je recommençai l'examen ; et je ne vis pas plus clairement que la première fois ce qu'il y avait de curieux dans cet habit de marionnette, hors son excessive petitesse.

— Vous ne voyez rien? dit le petit être après m'avoir laissé le temps de recueillir mes idées.

— Pardieu, non! lui répondis-je; rangez-moi, si vous voulez, dans la classe des palmipèdes, ou dans telle classe de l'Institut que vous voudrez, mais je n'y comprends rien.

Et je lui remis le petit habit qu'il fit passer aux autres personnes de la voiture, qui ne se montrèrent pas plus intelligentes que moi.

Alors, avec la majesté d'un mistagogue, ou d'un poëte orphéique qui dévoile une allégorie, il expliqua à l'assistance ébahie comme quoi c'était un modèle d'habit d'un seul morceau, cousu avec une seule couture; problème non encore résolu jusqu'à nos jours. Le fil était blanc pour qu'on pût mieux suivre les méandres de cette unique et triomphante couture.

—Oui, il n'y a pas pour deux sous de drap là dedans, et un centime de fil; eh bien! cela se vend cent francs, mais c'est l'invention qui se paye.

Je lui répondis qu'un habit sans couture serait une invention supérieure et vaudrait bien deux cents francs, fût-il deux fois plus petit.

— Assurément, répondit-il après une minute de réflexion profonde, mais ce n'est possible qu'en caoutchouc.

Je crus nécessaire, voyant l'intérêt violent qu'il y mettait, de donner des éloges excessifs à cette mirifique découverte, éloges qui exaspérèrent tellement son amour-propre, qu'il ne put garder plus longtemps l'incognito.

— Qui croyez-vous qui ait inventé cela, monsieur? Peut-être pensez-vous que ce soit un autre? non! c'est moi! J'ai une fameuse tête, allez! — Je suis *tailleur!* Il dit cela avec une expression de suffisance heureuse, très-difficile à rendre, et exactement de la voix dont on dirait: je suis prince, ou virtuose; puis, il ajouta d'un ton plus humain : pour le civil et le militaire, rue d'Or, à Bruxelles.

Diable, dis-je à part moi, — l'aventurier est un prince, l'idiot est un esprit, le chat qui dort un chat qui guette, et mon poëte élégiaque un estimable tailleur.

Me voyant taciturne, il se mit à parler de sa profession, avec un lyrisme transcendantal, qui me rappela plus d'une fois le petit perruquier enthousiaste qu'Hoffmann a si bien peint dans l'*Élixir du Diable*. — Mais ce n'était pas seulement à la confection des habits qu'il bornait son esprit inventif; il venait de trouver le moyen de faire des moulins à eau sur les plus hautes montagnes; découverte aussi utile que celle d'établir des moulins à vent au fond des puits. Il m'expliqua si bien le mécanisme de sa machine, que j'avoue à ma honte que la chose me parut non-seulement possible, mais facile, et que si je n'en donne pas la description ici, c'est de peur que quelque ingénieur ne profite du procédé de mon ami de l'Aiguille et de son associé le charpentier; il se proposait, du reste, de demander un brevet.

Pendant toutes ces conversations, les arbres filaient toujours, à droite et à gauche; les teintes roses de l'horizon devenaient violettes;

le paysage s'embrouillait, et le soleil, au milieu de la brume, avait l'air d'un œuf sur le plat ; ce qui est humiliant pour un astre à qui M. Malfilâtre a fait une ode trouvée admirable par d'Alembert.

La différence de température, et la fraîcheur de la nuit qui venait, ayant fait ruisseler sur les vitres une sueur abondante et perlée, qui m'empêchait de distinguer les objets déjà estompés par l'ombre ; une bouffée de brise glaciale me faisant rentrer la tête chaque fois que je la sortais, comme un colimaçon dont on frappe les cornes ; je renonçai à mon rôle d'observateur, et je m'établis dans mon coin le moins incommodément qu'il me fût possible. Pour Fritz, il s'avisa d'un moyen de dormir, qu'un autre eût employé pour se tenir éveillé : il noua son foulard par les deux bouts à la vache de la voiture, passa son muffle dans cette espèce de licol, et but bientôt, à pleines gorgées, à la noire coupe du sommeil. Ce qui m'a beaucoup surpris, c'est qu'il ne se soit pas étranglé bel et bien ; apparemment que Dieu, toujours bon, toujours paternel, veut lui épargner la peine de se pendre lui-même.

Tout le monde dormit bientôt du sommeil des justes, dans la diligence, excepté le centenaire anacréontique, qui lâchait des mots à triple entente et courtisait de près la femme aux trente-deux dents couleur d'or, dont les poteries rendaient des sons de plus en plus inquiétants ; le pâle frère de la mort contre lequel je luttais depuis deux heures, me jeta tant de sable dans les yeux, que force me fut de les fermer, comme le reste de la compagnie. Il existe donc nécessairement ici une lacune dans les descriptions et les événements ; j'en demande pardon au public, mais il me fut impossible de ne pas céder à la nature, lui ayant résisté toute la nuit précédente en faveur de l'Amitié, à qui je faisais mes adieux.

Un cahot assez violent me réveilla, et j'entendis la voiture rouler sourdement comme sur une espèce de plancher ; je baissai la glace, et je distinguai dans l'obscurité une autre obscurité plus opaque et plus intense, comme du velours noir sur du drap noir : c'était Péronne où nous entrions déjà depuis une demi-heure, en passant par une complication de portes et de ponts-levis tout à fait décourageants, et qui aident beaucoup à expliquer la virginité de la susdite Péronne. En traversant une espèce de place, j'entrevis, à la lueur de deux ou trois étoiles, qui avaient mis la tête à la lucarne d'un nuage, une tour à quatre pans vaguement ébauchée. — C'est tout ce que je distinguai. Après avoir roulé encore dans quelques rues étroites, dont la pesante diligence faisait trembler les maisons, nous sortîmes par autant de portes que nous étions entrés.

Péronne traversée, je me rendormis; quand je rouvris les yeux, le petit jour commençait à poindre; l'aurore avait des pâleurs charmantes, comme une jeune mariée, et je crois réellement qu'elle n'avait pas couché cette nuit-là dans le lit de son vieil époux. Quant au soleil qui se faisait attendre, je pense qu'il l'avait passée à boire au cabaret, à jouer au brelan chez madame Thétis, car il avait les yeux passablement rouges.

Nous n'étions pas loin de Cambrai. — L'aspect du pays était complétement différent. La température s'abaissait considérablement, et nous nous attendions à toutes minutes à voir paraître les ours blancs et les bancs de glaces flottants. — Ce ne fut guère que sous cette latitude que je m'aperçus que je n'étais plus à Pantin ou à Bagnolet : le type français s'efface pour céder le pas au type flamand; c'est aussi vers cet endroit que l'usage des bas et des souliers commence à être inconnu, et où l'on prend tant de soin de laver les maisons, que l'on ne se lave jamais la figure.

Que vous dirai-je de Cambrai, sinon que c'est une ville fortifiée dont François Salignac de Lamothe de Fénélon était autrefois archevêque, ce qui lui valut le titre de cygne de Cambrai, par opposition à l'aigle de Meaux; en fait de cygne, lorsque j'y suis passé, je n'y ai vu qu'un magnifique troupeau d'oies; les unes blanches, les autres tachetées de gris.

Une ville fortifiée, et à la Vauban encore, c'est-à-dire tout ce que l'on peut imaginer de plus laid et de plus triste au monde. — Figurez-vous trois murailles de briques faisant des zigzags à n'en plus finir, séparées par des fossés remplis de roseaux, de joncs, de nénuphars, de pommes de terre, et généralement de toute espèce de choses, excepté de l'eau, bien entendu ; trois murailles qui n'ont d'autre ornement que des embrasures de canons, avec des volets peints en vert, et qui sont toutes les trois exactement pareilles. — La couleur rose tendre de la brique, et le vert pacifique de ces volets qu'on ouvre tous les matins pour faire prendre l'air aux canons, sont de l'effet le plus singulier et le plus pastoral du monde.

Je me flatte d'être très-ignorant en architecture militaire et en stratégie ; et j'avoue que ces fortifications si vantées me paraissent plutôt faites pour y mettre de la vigne, ou des pêchers en espalier, que pour défendre une ville.

Il me faut des donjons, des tours rondes et carrées, des remparts superposés, des mâchecoulis, des barbacanes, des ponts-levis, des herses et tout l'appareil des anciennes forteresses; les lunettes, les cuvettes, les casemates, les bastions, les contrescarpes et les demi-lunes me sont peu agréables; je suis comme Mascarille, j'aime mieux les lunes entières.

A quoi sert d'ailleurs une ville fortifiée, sinon à être prise? — S'il n'y avait pas de villes fortifiées, il n'y aurait pas de siéges, et je ne vois pas ce qui empêche de passer à côté de ces forteresses si virginalement retranchées sous leurs jupons de murailles et leurs vertugadins de pierre.

Les villes fortifiées me semblent, à vrai dire, malgré leur air prude, de franches coquettes très-capables de laisser chiffonner au dieu Mars leurs collerettes de créneaux, et beaucoup plus promptes à dénouer leur ceinture de tours, pour entrer dans le lit du vainqueur, qu'on ne pourrait le croire d'après leur réputation sauvage et farouche. On y a ménagé aux ennemis toutes les facilités possibles pour y entrer avec agrément, par une infinité de petits chemins *tout parsemés de roses*, et entretenus très-soigneusement; les talus et les glacis forment des pentes douces qui invitent à grimper ceux qui en auraient le moins envie.

Dans Cambrai, où l'on déjeuna, je ne vis rien de remarquable qu'une gigantesque affiche de la *Presse* et une autre de dimension plus modeste, qui faisait savoir aux dignes habitants du lieu qu'on donnait ce soir-là au théâtre de la ville la superbe pièce d'*Édouard en Écosse*, généralement admirée à Paris, et jouée par les premiers talents; puis, une assez belle tour à droite du chemin, que je n'eus pas le temps d'examiner.

Une chose qui me frappa, c'est que toutes les rues étaient sablées d'une poussière bleue; trois ou quatre voitures de charbon de terre que je vis passer, et qui tamisaient, en marchant, une poudre impalpable, m'expliquèrent le pourquoi. J'avais déjà pris mon crayon pour écrire sur mon carnet : — Dans ces régions éloignées et non décrites, par un phénomène assez étrange, la terre est bleue; — beaucoup d'observations de voyageurs ne sont pas mieux fondées.

Voici donc, pour en finir avec Cambrai, l'aspect de l'endroit que nous livrons bénévolement aux amateurs de couleur locale. — Terre bleue, ciel eau du Nil plombée, maisons feuilles de roses sèches, toits violet d'évêque, habitants potiron clair, habitantes jaune paille. — Cambrai est une excellente ville pour encadrer un roman intime; si nous nous livrions à ce genre de divertissement, nous en aurions levé le plan, et nous y aurions mis une ou deux paires de héros et d'héroïnes plus ou moins adultères et phthisiques, ce qui eût été du meilleur effet.

Cambrai passé, la campagne prit un caractère tout différent de ce que j'avais vu jusqu'alors; l'approche du nord se faisait déjà sentir, et il vous arrivait dans la figure quelques bouffées de son haleine glaciale. J'avais quitté Paris la veille en chemise et par une chaleur de vingt-six degrés; je trouvai en vingt heures de distance que ma vertu n'était pas un habit suffisant, et je m'emmaillotai soigneusement dans mon manteau.

Je n'ai jamais rien vu de plus gracieux et de plus frais que le tableau qui se déroula devant mes yeux au sortir de cette vieille vilaine ville, tout enfumée et toute noire de charbon.

Le ciel était d'un bleu très-pâle qui tournait au lilas clair en s'approchant de la zone de reflets roses que le soleil levant suspendait au bord de l'horizon. Le terrain ondulait mollement, de façon à rompre la monotonie des lignes presque toujours plates dans ce pays, et de petits lisérés d'azur terminaient harmonieusement la vue de chaque côté du chemin; d'immenses plantations d'œillettes tout emperlées de rosée frissonnaient doucement sous l'haleine du matin, comme les épaules d'une jeune fille au sortir du bal; la fleur de l'œillette est presque pareille à celle de l'iris, d'un bleu délicat, où le blanc domine; ces grandes nappes azurées avaient l'air de morceaux de ciel qu'une lavandière divine aurait étendus par terre pour les faire sécher. Le ciel lui-même ressemblait à un carré d'œillettes renversé, si la comparaison vous plaît mieux, tournée de cette manière;

pour la transparence, la finesse et la légèreté du ton, on eût dit une des plus limpides aquarelles de Turner; il n'y avait cependant que deux teintes dominantes, du bleu pâle et du lilas pâle; çà et là quelques bandes de ce vert prasin que les peintres appellent vert Véronèse, deux ou trois traînées d'ocre et de lueurs blondes accrochant quelques bouquets d'arbres lointains, voilà tout; rien au monde n'était plus charmant, ce sont de ces effets qu'il faut renoncer à peindre et à décrire, et qui se sentent plutôt qu'ils ne se voient.

A mesure que la voiture avançait, la vue s'élargissait, de nouvelles perspectives s'ouvraient de tous côtés. De petites maisons de briques, enfouies dans des feuillages, et rouges comme des pommes d'api montées sur de la mousse, s'avançaient curieusement entre deux branches pour nous regarder passer. On voyait miroiter des eaux sous les rayons obliques, et s'écailler brusquement comme une paillette d'argent le toit d'ardoises de quelque clocher; de grandes trouées laissaient pénétrer l'œil dans les prairies du vert le plus amoureusement printanier que l'on puisse rêver, et découvraient mille petits sites calmes et reposés, d'une intimité toute flamande et du charme le plus attendrissant.

Il y avait surtout de petits sentiers, de vrais sentiers d'école buissonnière, qui venaient aboutir au grand chemin en filant le long de quelque muraille de clôture ou de quelque haie d'aubépine, avec des airs incultes et sauvages les plus engageants du monde, et qui me ravissaient fort. J'aurais voulu pouvoir descendre de voiture, et m'enfoncer à tout hasard dans un de ces sentiers qui, assurément, devait mener dans les endroits les plus agréables et les plus pittoresquement champêtres. On ne peut s'imaginer combien d'idylles dans le genre de Gessner ces petits chemins m'ont fait composer ; dans quels océans de crème ma rêverie s'est plongée à propos d'eux ; et combien d'épinards au sucre ils ont fait hacher à mon imagination !

Nous traversions fréquemment des hameaux,

des villages, des bourgs, entièrement bâtis en briques, d'une propreté charmante, et si mignonnement construits en comparaison des hideuses chaumières des environs de Paris, que je ne revenais pas de ma surprise.

Toutes ces maisons zébrées de blanc et de rouge, chamarrées des dessins formés par les différentes manières de poser la brique, avec leurs contrevents peints et vernis, leurs corniches en saillie, leurs toits d'ardoise violette, et leurs puits en guérite festonnés de houblon ou de vigne vierge, font l'effet de ces villes de bois colorié qu'on envoie de Nuremberg dans des boîtes de sapin pour les étrennes des enfants. Les proportions sont plus grandes nécessairement, mais c'est la même chose. On pourrait donner un de ces villages au jeune Gargantua pour lui servir de jouet.

On croirait que de telles maisons doivent renfermer des habitants grassouillets, propres et bien vêtus, mais on aurait tort de juger de l'escargot par la coquille. On place volontiers contre ces fenêtres à vitrage de plomb encadrées de plantes grimpantes, quelque vapoureux profil de blonde jeune fille, se retournant au bruit des chevaux, ou travaillant à son petit rouet:

OEuvre de patience et de mélancolie!...

On se figure quelque jeune mère, debout, sur le pas de sa porte, avec son nourrisson au bras, et se détachant pure et lumineuse sur le front sombre et bitumineux de la salle basse, avec un grand chien qui la regarde tendrement et jappe à petit bruit, comme pour exprimer qu'il prend part à cette joie et à ce repos domestique.

Au lieu de cela, de vilaines créatures hâlées comme si elles eussent fait la campagne d'Afrique, et si laides, que les plus jeunes paraissaient avoir soixante ans. Ces infantes, pour la plupart, pétrissaient la crotte à cru avec de grands pieds plats auxquels il ne manquait que d'être palmés, et laissaient flotter fort négligemment le pli supérieur de leur robe. Si c'était une coquetterie, elle était mal entendue, et cette exhibition n'avait rien d'engageant ; mais je crois qu'elles n'y entendaient pas malice.

Ajoutez à cela quelques petits enfants morveux, en chemise beaucoup plus courte par devant que par derrière, sans bas, sans souliers, dont les jambes nues et rouges de froid, ressemblaient à des carottes bifurquées, se battant à coup de mottes de terre sur le bord des fossés, ou jouant sur le pas des portes, et vous aurez un tableau très-exact de la population de ces délicieuses maisonnettes.

Victor Hugo appelle quelque part les habitants d'une admirable petite ville de Bretagne, *les punaises de ces magnifiques logis*. Cela est vrai de toutes les villes qui ne sont pas des villes capitales ; le mot a paru exorbitant aux Bretons et même à quelques Parisiens ; mais il ne semble que suffisant quand on est sur les lieux. — L'homme est de trop presque partout, et les figures ne valent presque jamais le paysage.

Toutes les fois que la voiture passait par un village, il s'élevait subitement, du fond des fossés, de derrière les haies, du fumier des basses-cours, une meute de petits garçons albinos, avec de longues mèches de cheveux d'un blond de filasse éparpillés sur les yeux, qui la suivaient jusqu'à la limite extrême en faisant la roue, et en piaulant sur un ton plaintif le seul monosyllabe *cents, cents*, dont je ne compris que plus tard la signification terrible. Ces petits garçons, dont plusieurs sont des petites filles qui font la roue aussi prestement que les autres, remplissent l'emploi des chiens, qui est d'aboyer autour des voitures et de mordre les jarrets des chevaux. Une place de chien est, dans ce pays-là, une véritable sinécure; seulement les chiens sont mieux vêtus, moins sales, et ne demandent pas de *cents* : triple avantage.

A propos de chiens, je dois consigner ici cette remarque importante, qu'ils deviennent de plus en plus rares, à mesure que l'on progresse vers les régions polaires et la zone arctique; les chats sont aussi en fort petit nombre, je n'en ai vu que cinq dans tout mon voyage;

ils étaient d'un pelage gris fauve, rayé de quelques bandes noires. Ces pauvres animaux avaient l'air de ne pas souper tous les jours et de manger peu, mais rarement, contrairement au précepte de l'école de Salerne. Pour en finir avec la zoologie, je n'ai vu que deux papillons blancs, qui traversèrent le champ de ma lunette entre midi et une heure; en revanche, j'ai vu beaucoup de Wallons en blouse et en casquette; les moulins à vent (observation de mœurs qui n'est pas à négliger) varient singulièrement dans leur forme. Ce n'est plus le classique moulin, carré, tournant sur un pivot, c'est une tour élégante, dont le toit seul et les ailes sont mobiles; quelques-uns portent au col une collerette de charpente, d'un effet très-pittoresque. Si ma description succincte ne vous suffit pas, je vous renvoie à un charmant petit tableau de Camille Roqueplan, qui était au dernier salon, où vous verrez une collection de moulins, les plus bouffons et les plus flamands du monde. — J'ajouterai ici, car vous n'en trouveriez pas de modèle dans le tableau que je vous indique, que j'en ai même remarqué un muni d'un seul aileron, qui s'agitait de l'air le plus démanché et le plus risible qu'on puisse voir. Je le recommande à Godefroy Jadin, le Raphaël des moulins à vent.

Je ne parlerai pas de Bouchain, qui est une ville si forte, que je suis passé à côté sans l'apercevoir. Si vous me permettez, nous sauterons quelques postes, et nous serons à Valenciennes.

C'est à peu près vers cette ville que commença une mauvaise plaisanterie qui se prolongea tout le temps de notre voyage : de quart d'heure en quart d'heure, nous traversions des cours d'eau, et des façons de rivière de province, et comme des voyageurs ignorants et consciencieux, nous demandions à quelque Wallon plus ou moins stupide :

— Monsieur, le nom de la rivière?

— C'est l'Escaut, monsieur.

— Ah! fort bien.

Plus loin nouvelle rivière, nouvelle question :

— Et ceci, monsieur le Wallon, auriez-vous l'obligeance de me dire ce que c'est?

— Certainement monsieur ; c'est l'Escaut canalisé.

— Monsieur, j'en suis bien aise ; j'aime les canaux ; c'est un bienfait de la civilisation. Mais il ne faut pas en abuser cependant.

Le Wallon restait dans l'attitude calme et simple qui convient à une conscience pure ; il n'avait pas l'air de comprendre l'intention majestueuse du dernier membre de phrase.

— Et là-bas, où je vois des bateaux à voile rouges et à gouvernail vert pomme ?

— L'Escaut, monsieur, l'Escaut lui-même.

Nous nous étions si bien habitués à cette réponse, que lorsque nous arrivâmes au bord de la mer, à Ostende, mon camarade Fritz ne voulut jamais convenir que ce fût l'Océan, et il soutint *mordicus unguibus et rostro* que c'était encore l'Escaut canalisé. On eut toutes les peines du monde à le faire sortir de là ; et quoiqu'il ait bu l'*onde amère* comme Télémaque, fils d'Ulysse, il n'est pas encore bien sûr de son fait.

J'entrai dans Valenciennes avec une idée de

broderies et de dentelles qui ne me quitta point. Cette impression se renouvela à Malines : j'aurais voulu que toute la ville fût découpée et festonnée à jour, et je demeurai désagréablement surpris en voyant très-peu de *Valenciennes*. Toutes ces villes célèbres, exclusivement pour un objet quelconque, m'ont toujours produit cet effet. Je ne me représente Nérac que sous forme de terrine, ainsi qu'Angoulême ; Chartres n'est dans mon imagination qu'un immense tas de pâtés ; Bordeaux qu'une cave pleine de bouteilles à goulots allongés ; Bruxelles qu'un grand carré de choux, dits *de Bruxelles*, Ostende qu'un parc d'huîtres, et ainsi de suite. A combien de déceptions de pareils préjugés exposent un honnête touriste!

Valenciennes est, du reste, une jolie petite ville, avec quelques maisons *renaissance*, un hôtel de ville du commencement de Louis XIV, et une église dans le goût florentin. C'est à Valenciennes que je vis pour la première fois sur les murs cette inscription formidable, qui s'est reproduite invariablement de dix maisons en dix maisons jusqu'à la fin de cette odyssée merveilleuse :

Verkoopt men dranken.

Ce qui signifie en loyal flamand : *Ici l'on vend à boire*, ou bien en français belge : *Ici l'on van de boison* (sic). C'est aussi à Valenciennes qu'on me rendit, pour de l'argent que je donnai, je ne sais quelle fabuleuse petite monnaie de cents et de pièces de plomb marquées d'un double W couronné, où le diable n'aurait rien compris, et qu'on me présenta un tuyau de paille de chanvre au lieu d'allumette pour mettre le feu à mon cigare.

Dans la grande rue de Valenciennes, j'aperçus le premier et le seul Rubens que j'aie jamais vu dans mon voyage à la recherche de la chevelure blonde et du contour ondoyant; c'était une grosse fille de cuisine, avec des hanches énormes et des avalanches d'appas prodigieuses, qui balayait naïvement un ruisseau, sans se douter le moins du monde qu'elle était un Rubens très-authentique. Cette rencontre me donna bon espoir : espoir trompeur !

Valenciennes est la dernière ville française ; il n'y avait plus que quelques lieues pour atteindre la frontière. Je récurai soigneusement ma lorgnette pour ne rien perdre des choses étonnantes que j'allais sans doute voir. Fritz, lui-même, mit *la Fleur des exemples* dans sa poche.

De grandes cheminées d'usines, en briques roses, donnent à toute cette portion du pays un air égyptien fort peu flamand. Beaucoup de maisons, aussi de briques rouges, sont disséminées le long de la route; elles portent toutes le millésime de l'année où elles ont été bâties; la plus ancienne ne remonte pas au delà de 1811. A droite et à gauche, des clochers s'élèvent fréquemment par-dessus cette forêt de cheminées, et déchirent la toile grise de l'horizon.

Nous nous croisâmes avec plusieurs voitures d'une configuration particulière, à ridelles fort longues et fort évasées, entièrement peintes de ce bleu de ciel réservé autrefois aux boutiques de perruquier. Les chevaux n'étaient pas attelés de même que ceux de nos charrettes; ils n'avaient qu'un collier et étaient du reste entièrement nus.

Enfin nous arrivâmes à un endroit où l'on nous fit descendre de voiture, et où l'on porta nos paquets dans une espèce de hangar pour les visiter. Nous n'étions plus en France. Je fus fort étonné de ne pas éprouver une sensation violente. Je croyais qu'un cœur un peu bien situé devait donner au moins vingt pulsations de plus à la minute en quittant le sol adoré de la patrie; je vis qu'il n'en était rien. Je croyais aussi qu'une frontière était marquée de petits points, et enluminée d'une teinte bleue ou rouge, ainsi qu'on le voit dans les cartes géographiques; je me trompais encore.

Un café, intitulé Café de France, orné d'un coq qui avait l'air d'un chameau, marquait l'endroit où finissait le territoire *français*. Un estaminet, à l'enseigne du Lion de Belgique, indiquait la place où commençait les possessions de sa majesté Léopold. L'enseigne de cet estaminet ne nous donna pas une bien haute idée de l'état actuel des arts en ce bienheureux pays de contrefaçon. Recette générale: Voulez-vous faire un lion belge? ne prenez pas un lion; prenez un caniche adolescent, mettez-lui une culotte de nankin, une perruque de filasse et une pipe à la gueule, et vous aurez un lion belge, qui fera un excellent effet au-dessus de l'inscription : *Verkoopt men dranken*.

Je me donnai le plaisir, pendant que les douaniers fouillaient ma valise, de faire plusieurs fois le voyage de France en Belgique et de Belgique en France. Une fois même je me tins un pied sur la France et l'autre sur la Belgique. Le pied droit, qui posait sur la France, ne sentit pas, je l'avoue à ma honte, le moindre picotement patriotique. Fritz, s'avançant de mon côté, me demanda si je ne baiserais pas le sol de la patrie avant de remonter en diligence. Nous cherchâmes vainement une place propre pour accomplir ce pieux devoir; mais il faisait une boue d'enfer, et nous fûmes forcés de renoncer à cette formalité indispensable. D'ailleurs il se présentait une autre difficulté, à savoir : si un *pavé* pouvait passer pour la *terre* natale, et nous n'avions que des pavés à embrasser!

En attendant que la visite fût finie, nous nous jetâmes, tout altérés de couleur locale et crevant en outre de soif, dans le triomphant estaminet du Lion Belge, où nous nous répandîmes dans le corps plus de bière qu'il n'en pouvait raisonnablement tenir. Ce fut un déluge de faro, de lambic, de bierre blanche de Louvain, à mettre à flot l'arche de Noé. Nous prîmes aussi du café belge, du genièvre belge, du tabac belge, et nous nous assimilâmes la Belgique par tous les moyens possibles.

Étant retourné sous le hangar, j'assistai à l'ouverture des malles des deux dames du coupé dont j'avais si subtilement évité la compagnie et le perroquet. C'était une singulière collection d'oripeaux, de blondes jaunes, de pots de pommade et autres ustensiles plus ou moins congrus. L'une de ces dames, si respectables à cause de leur grand âge, était une modiste parisienne qui s'en allait en Russie; l'autre, une cantatrice portugaise qui s'en allait en Angleterre. Comme j'étais occupé à regarder ces brimborions intimes, car une malle ouverte est souvent la révélation de la vie entière d'une personne, je me sentis baiser la main par derrière. Je me retournai vivement pour voir la divinité à qui j'avais inspiré une passion si subite, et j'en augurais déjà bien pour mes futures bonnes fortunes en pays étranger Je vis une espèce de jeune homme en blouse bleue, d'un aspect équivoque, qui souriait bêtement avec une grande gueule qui lui servait de bouche.

Je ne comprenais rien à cette comédie; un douanier me mit au fait : c'était une mendiante idiote, habillée en homme, qui aidait quelquefois à décharger les paquets, et qui demandait l'aumône de cette manière. Je lui jetai vite un sou pour m'en débarrasser. Fritz lui en donna deux; elle lui baisa sa botte fort tendrement. Pour trois, je ne sais trop ce qu'elle aurait embrassé.

Je suis réellement désireux autant que vous, mon cher lecteur, d'arriver à la fin de mon voyage; je meurs d'envie d'être à Bruxelles, comme si j'avais fait une banqueroute frauduleuse; mais j'ai beau éperonner ma plume lancée au grandissime galop sur cette route de papier blanc, qu'il faut rayer d'ornières noires, je n'avance pas, je ne puis suivre cette grosse diligence chargée de paquets et de Wallons, et traînée depuis quelques heures par des chevaux également wallons. J'aurai mis moins de temps à faire le tour de la Belgique qu'à écrire ces quatre misérables chapitres.

Comme la jeune souris sortie pour la première fois de son trou, je suis enclin à prendre des taupinières pour des montagnes, et à raconter comme des choses étranges et merveilleuses les événements les plus simples du monde. J'ai dû faire et je ferai sans doute des observations de la plus haute ingénuité. Mes remarques seront un peu dans le genre de celles de ce Chinois venu à Paris, et qui, entre autres choses singulières, écrivit sur ses tablettes qu'il avait vu des maisons si hautes que l'on pouvait du toit cueillir les étoiles avec la main, des femmes qui se coupaient les ongles, et des jeunes hommes, de vingt ans au plus, qui lisaient couramment dans toutes sortes de livres. Ou bien encore de la façon de cet Anglais qui s'étonnait fort que de tout petits enfants parlassent très-bien l'italien en Italie.

Je voudrais décrire les pavés un à un, compter les feuilles des arbres, rendre l'aspect des objets, et même noter d'heure en heure la teinte et la forme des nuages, et si je n'étais retenu par une honte virginale, j'écrirais des choses comme ceci :

Le ciel est beaucoup plus grand que je ne croyais (le plus grand morceau de ciel que j'eusse jamais vu est celui qui sert de plafond à la place de la Concorde) ; les hommes ne sont pas bleu-de-ciel et les chevaux jaune-serin ; il existe donc quelque chose hors de la banlieue, et la terre ne vous manque nulle part sous les pieds ! il y a donc des gens qui ne vivent pas à Paris, qui n'ont jamais vu Paris, qui ne verront jamais Paris !

Je savais bien vaguement qu'il y avait par là toutes sortes de parties du monde, qu'on appelle l'Europe, l'Asie, l'Amérique et l'Afrique ; mais, à vrai dire, je n'y ajoutais pas grand' foi, et je pensais au fond de l'âme que c'étaient des bruits qu'on faisait courir.

J'entrai dans Mons avec cette idée saugrenue, assez pareille à celle qu'ont les provinciaux en visitant la bibliothèque du Roi... Est-ce que la vie suffirait à lire tous ces livres?... Est-ce qu'on pourrait connaître tous les hommes qui sont dans toutes les maisons de toutes ces villes, qui se succèdent si rapidement? Je me sentais, je ne sais trop pourquoi, une prodigieuse envie d'être l'ami intime des pacifiques habitants de Mons, ville de guerre,

C'est vraiment une chose effrayante pour tout cœur un peu vaste et d'une ambition un peu haute de voir combien il y a de gens au monde qui ne se doutent pas de votre existence ; aux oreilles de qui votre nom, si retentissant qu'il soit, ne parviendra jamais : il me semble qu'on doit revenir de voyage plus modeste qu'auparavant, et avec une idée beaucoup plus juste de l'importance relative des choses. On est sujet à se méprendre sur le bruit qu'on fait et la place qu'on occupe dans le monde ; parce qu'autour de vous une douzaine de personnes parlent de vous, on se croit le pivot sur qui roule la terre : il est bon d'aller regarder le rayonnement de sa gloire du fond d'un pays étranger. Combien partent avec de grandes inquiétudes et de grandes précautions pour garder leur incognito, qui écriraient volontiers au retour sur leur chapeau :

C'est moi qui suis Guillot, gardien de ce troupeau, et qu'on ne reconnaîtrait pas plus pour cela !

Somme toute, l'impression d'un voyage est douloureuse. On voit combien facilement l'on se passe de gens que l'on croyait le plus aimer, et comme de cette absence temporaire à l'absence absolue la transition serait simple et naturelle ; on sent instinctivement que le coin que l'on occupait dans quelques existences s'est déjà rempli, ou va l'être. On comprend qu'on peut vivre ailleurs que dans son pays, sa ville, sa rue, avec d'autres que ses parents, ses amis, son chien et sa maîtresse ; et je suis persuadé que c'est une pensée mauvaise. La fable du juif errant est plus profonde qu'on ne le pense. Rien n'est plus triste que de voir tous les jours des choses qu'on ne reverra plus.

Un homme qui voyage beaucoup est nécessairement un égoïste.

Retournons à Mons. — Mons est une vraie ville flamande. Les rues y sont plus propres que les parquets en France ; on les dirait cirées et mises en couleur. Les maisons sont peintes, sans exceptions, du haut en bas, et de teintes fabuleuses. Il y en a de blanches, de bleu cendré, de ventre de biche, de roses, de vert pomme, de gris de souris effarouchée, et de toutes sortes de nuances égayées, inconnues dans ce pays-ci. Le pignon découpé en forme d'escalier s'y montre assez fréquemment. La toiture de l'Ambigu-Comique peut donner aux Parisiens, qui ne sont pas très-cosmopolites en général, une idée assez nette de ce genre de construction : cela produit un effet d'une bizarrerie assez agréable.

J'entrevis à peine au bout d'une rue la silhouette vague de la cathédrale, qui ne me parut pas belle. En revanche, la voiture s'étant arrêtée, j'eus tout le loisir d'examiner une charmante église fantastique et gaie au possible, avec une foule de clochetons, d'aiguilles, et de petits minarets ventrus, d'une tournure tout à fait moscovite : on dirait d'une grande quantité de bilboquets et de poivrières rangés symétriquement sur le toit, ou bien encore de grosses pommes enfilées dans une broche. Ceci est l'image grotesque, mais figurez-vous quelque chose d'un caprice ravissant et de l'aspect le plus pittoresque : une église joyeuse et triomphante, plus propre à des noces qu'à des enterrements, et follement ornée dans le goût Louis XIII le plus effréné, le plus fleuri, le plus bossu, une carrure à la fois trapue et svelte, une légèreté lourde, et une lourdeur légère du meilleur effet.

Cette église est, si je ne me trompe, consacrée à sainte Élisabeth, à moins cependant qu'elle ne soit dédiée à saint Pierre ou saint Jude, ce qui est possible; mais ce qu'il y a de sûr, c'est qu'elle est à droite de la grande rue, en venant de Paris.

A Mons, j'achetai des gâteaux couleur locale; ce sont de petits ronds de pâte ferme ou de pâte brisée, sucrés très-libéralement, qui ressemblent assez aux *paste frole* italiennes, mais d'un goût moins fin et moins parfumé. En général, j'ai remarqué une chose, c'est qu'en Belgique le pain et la pâtisserie sont toujours très-mal levés; les gâteaux feuilletés ne réussissent pas : est-ce la faute des mitrons, de l'eau, de la levure, ou de la farine? Je ne suis pas assez fort en boulangerie pour résoudre la question, mais le fait est certain. Tout en philosophant sur la pâtisserie, je bus une grande quantité de genièvre pour faire passer les gâteaux, et je mangeai une grande quantité de gâteaux pour faire passer le genièvre. J'avais convié à ces magnificences le tailleur excentrique, au petit habit cousu de fil blanc, ce qui acheva de me conquérir son amitié, et me valut par la suite deux bonnes histoires et plusieurs renseignements utiles.

Vers cette latitude, une inquiétude sérieuse me vint prendre au collet. Le lecteur n'a sans doute pas oublié les causes de mon excursion dans ces régions polaires et arctiques, et que, comme un autre Jason, j'étais parti pour aller conquérir la toison d'or, ou, pour parler en style plus humble, chercher la femme blonde et le type de Rubens; but innocent et louable s'il en fut. Je n'avais pas encore vu une seule femme *blonde*, quoique j'eusse mon télescospe constamment braqué, et que mon ami Fritz regardât à gauche, tandis que j'explorais le côté droit de la route, de peur de laisser passer, dans un moment de distraction ou de négligence, quelque Rubens sans cadre, sous forme d'une honnête Flamande.

Je communiquai mes craintes au digne Fritz qui, avec le beau sang-froid qui le caractérise dans toutes les occasions difficiles de sa vie, me répondit qu'il ne fallait pas encore perdre courage; que Rubens était d'Anvers, et que c'était probablement à Anvers que se trouvaient les modèles de ses tableaux; mais que si à Anvers (en flamand Antwerpen) je ne rencontrais pas de *blonde*, non-seulement il me permettrait de me désespérer, mais encore il m'y engagerait de son mieux, et ne me refuserait pas même la douceur de me jeter dans l'Escaut canalisé ou non, à mon choix.

Selon lui, je n'avais encore aucun droit à

des femmes blondes; je pouvais tout au plus en exiger de châtaines.

Je me rendis à des raisonnements si pleins d'éloquence et de sagesse, et je me promis de ne demander la femme blonde que trente ou quarante lieues plus loin.

Les lignes du paysage s'abaissaient de plus en plus, et prenaient l'horizontalité la plus flamande et la plus désespérante du monde; on aurait dit un tapis de billard, et si ce n'eût été un peigne de clochers posé transversalement au bord du ciel, et qui mordait à belles dents la chevelure bleue de l'éther, terre et ciel eussent été confondus; on n'aurait pas pu se rendre compte de l'espace, de même que si l'on eût été en pleine mer.

De temps en temps les obélisques fumants des usines remplaçaient les clochers; quelques files de peupliers hérissaient la campagne d'une rangée de points d'exclamation!!!! qui la faisait ressembler à une page pathétique d'un livre à la mode.

Le houblon, cette vigne du nord, commençait à se montrer plus fréquemment. C'est une très-jolie plante qui monte en festons autour d'échalas très-hauts, avec un faux air de pampres autour d'un thyrse. Iacchus, le doux père de joie, ne s'y tromperait pas, à une lieue de distance; mais un voyageur à vue basse et très-ignare en botanique peut aisément prendre le change.

Des créatures que je suis obligé d'appeler des femmes, faute d'autre mot, continuaient cependant à passer de temps à autre sur le chemin. Je dois proclamer hautement ici, dût-on m'accuser de paradoxe, que je n'ai jamais vu rien de plus brûlé, de plus rôti, de plus dérisoirement brun que ces femmes. Les blondes, j'en suis sûr, doivent immanquablement être fort nombreuses en Abyssinie et en Éthiopie, car les mulâtresses et les négresses abondent en Belgique.

Plus on avance, plus on sent dans l'air un vague parfum de catholicité totalement inconnu en France; presque à chaque maison il y a une vierge ou un saint dans une niche, et non point un saint ou une vierge avec des nez cassés et des doigts de moins comme ici, mais jouissant de tout leur nez et très-peu manchots. Dans beaucoup de villages les vierges sont habillées en robe de soie et ornées de couronnes, d'oripeaux et de moelle de sureau ; elles ont une lampe devant elles comme en Espagne ou en Italie ; les églises sont aussi parées avec une recherche et une coquetterie amoureuse tout à fait méridionales.

Un peu avant Bruxelles, le tailleur drolatique de la rue d'Or me fit remarquer sur la droite de la route, auprès de quelques cheminées d'usines, deux rangées de bâtiments parfaitement uniformes et composées d'un petit rez-de-chaussée et d'un premier étage ; plus, deux ou trois toises de terrain en manière de jardinet.

Il me dit que toutes ces maisonnettes, divisées régulièrement en cellules, appartenaient à MM***, premiers négociants de la Belgique, qui y tenaient à leur usage une espèce de phalanstère ou couvent de travailleurs.

Une cellule est allouée à chaque ouvrier, qui ne peut sortir de l'établissement que sur une permission expresse, qu'on accorde très-difficilement, et pour des cas extraordinaires; un ouvrier qui s'absenterait deux fois sans *exeat* serait irrémissiblement renvoyé. — Pour que les travailleurs n'aient aucun motif plausible de s'éloigner de la fabrique, il y a un cabaret ou cantine géré par l'administration, où les ouvriers sont seuls admis. La paternité de l'administration ne s'est même pas arrêtée là; elle entretient un harem spécial à l'usage de ces moines industriels, en sorte qu'elle trouve moyen de leur reprendre en détail la somme qu'elle leur a donnée en une fois. Ainsi donc, ayant bon souper, bon feu, bon gîte *et le reste*, ces gens-là vivent là comme des rats en paille, et ne sont matériellement pas à plaindre. Mais la dignité morale souffre de voir des hommes réduits à fonctionner comme une machine à vapeur, et n'être plus qu'un rouage, au lieu d'être la créature de Dieu. — Il est très-clair qu'ils ne seraient ni si bien logés, ni si bien nourris, ni si bien vêtus chez eux ; cependant ce doit être une vie horriblement triste que cette vie de caserne et de monastère sans éventualité possible : je ne serais pas fort étonné que l'administration ne fût obligée de fournir assez souvent à ces pauvres diables, si heureux en apparence, quelques toises de cordes pour se pendre, et quelques boisseaux de charbon pour s'asphyxier.

Plus loin, le tailleur Hoffmanique, inventeur des moulins à eau sur les montagnes, et des moulins à vent au fond des puits, qui s'était décidément institué mon cicérone, me raconta qu'une petite figurine enluminée, que je venais d'entrevoir dans une niche, à l'angle d'une maison, était l'effigie d'une sainte fort célèbre et très-influente dans le pays ; cette courageuse fille, lors de la guerre des Prussiens, allait sur les remparts arrêter les boulets au vol, et les serrer dans son tablier, ce qui lui avait valu la canonisation. Jusqu'ici l'histoire est des plus simples ; on en voit mille comme cela dans la Légende dorée, et le miracle n'est pas trop miraculeux pour un miracle. Mais ce qu'il y a de beau, c'est que jamais on ne trouve le même nombre de boulets dans le tablier de pierre de la statue. Il y en a tantôt cinq, tantôt sept, tantôt neuf; l'expérience a été tentée mille fois, et jamais le chiffre ne s'est trouvé exact. Je vous donne cette fable pour ce qu'elle est, cependant beaucoup d'histoires sérieuses n'ont pas de fondements plus authentiques.

Au même endroit, je vis une église dont le toit en arête était denticulé de la façon la plus délicate : un cochon rose, pareil à celui du tableau de Delaberge, une jeune fille très-blonde, mais en revanche très-maigre et très-laide ; et une enseigne ainsi conçue : Un tel (tous les doubles W, les K et les H possibles), charcutier-bottier, tient la rouennerie et les étoffes ; et cela, vous pensez bien, sans préjudice de l'inamovible *Verkoopt men Dranken*.

A propos d'enseignes et de boutiques, je noterai ici que tout le monde est épicier, et que l'on va de Paris à Bruxelles entre une double haie de magasins d'épiceries qui sont en même temps des bureaux de tabac, au Coq gaulois ou au Lion belge.

Qui diable peut donc acheter tout ce poivre et toute cette mélasse? ou bien l'état d'épicier a-t-il de si grands charmes qu'on l'exerce pour le plaisir seulement? Je penche fort à le croire.

La pluie rayait le ciel de hachures menues qui dégénérèrent bientôt en cataractes, de sorte qu'il fallut rentrer la tête dans la coquille et écouter derechef les histoires du tailleur. Il en raconta deux : l'une d'un chevalier pénitent que le prieur envoya en Terre-Sainte avec une tabatière dont tous les grains de tabac étaient comptés ; l'autre, de la belle brodeuse de la rue d'Or, à Bruxelles, qui est une histoire de sympathies occultes et de magnétisme très-compliquée (le petit tailleur était affilié à une secte mesmérienne), et pleine de choses étonnantes et incompréhensibles, très-bonne à écouter dans une diligence, par un jour de brouillard et de pluie grise.

Quand nous entrâmes dans Bruxelles, l'eau

tombait des toits en si grande abondance, que les chiens altérés pouvaient boire debout.

Voici les remarques que je fis ce soir-là ; elles portent exclusivement sur les fenêtres.

Les carreaux inférieurs sont garnis d'un morceau de tulle exactement de même dimension, et tendu aussi parfaitement que possible ; au milieu est un grand bouquet brodé à la main ; ou bien encore de petits volets en jonc de la Chine tissé très-dru, sur lesquels sont représentés des paysages, des oiseaux ou des fruits ; ces volets, opaques du côté de la rue, permettent aux personnes du dedans de voir, sans être vues, ce qui se fait dehors, occupation qui leur est facilitée par une combinaison de miroirs concentriques, disposés à l'extérieur de manière à réfléchir dans une glace posée sur une table ou dans une boule d'acier suspendue au plafond tous les gens qui passent aux deux bouts de la rue. Les espagnolettes ne sont pas non plus disposées comme les nôtres ; elles ouvrent et ferment plus facilement et plus exactement, à l'aide d'un manche qui tourne sur un petit système de roue dentelée.

Je remarquai, en outre, que toutes les maisons étaient peintes à l'huile, et vernies, pour la plupart, ce qui est assez insupportable à l'œil.

Le temps qu'il fait n'étant pas propre aux observations, nous nous arrêterons, s'il vous plaît, à l'hôtel du Morian, pour dormir un peu et attendre que la pluie soit passée.

L'hôtel du Morian, où nous descendîmes, est situé rue d'Or, tout près d'une place où il y a un édifice qui ressemble à faire peur à la Madeleine. — C'est une grande et belle maison tenue à l'anglaise. Le dessous de la porte cochère et la salle de réunion sont ornés de peintures à fresque, représentant des paysages d'une perspective tout à fait chinoise et fabuleuse. On y voit des coqs plus gros que des maisons, des vaisseaux qui voguent en pleine terre labourée, des forêts qui ont l'air de grands tas d'écailles d'huîtres, des rochers qu'on prendrait pour des assiettes de meringues crottées, des pêcheurs qui prennent des oiseaux à la ligne, et des bergers à genoux devant de belles princesses que le retour du mur ne leur permet pas d'apercevoir. — J'aime beaucoup ces peintures : elles sont de l'absurde le plus récréatif, et, du reste, d'un coup d'œil assez agréable ; je les mets immédiatement après les dessins des pots du Japon et des paravents de laque.

L'hôtelier du Morian est une espèce de gros muids jovial avec une figure splendidement cramoisie, écarlate de haute graine, comme dirait maître Alcofribas Nasier, un nez en manière de trompe, tout fleureté de bubelettes, tout étincelant et diapré de rougeurs printanières, séparé par le milieu à la façon des chiens de chasse, et hérissé de longs poils rudes et blancs, comme un mufle d'hippopotame ; trois cascades de mentons coulant en larges nappes sur son énorme poitrine, et touchant presque son ventre, un vrai Palforio, un Falstaff, un Lepeintre jeune, un éléphant humain. Je décris ce personnage avec quelque soin, parce que c'est le seul être gras que nous ayons vu en Flandre; il nous fit naître un espoir qui ne s'est pas réalisé, et je le note ici comme une des raretés du pays.

Nous demandâmes naturellement à dîner à ce digne seigneur, qui se hâta de nous octroyer notre requête. Fidèle à la couleur locale, en attendant la femme blonde, je lui demandai des choux de Bruxelles. Ce produit végétal parut totalement inconnu au gros monstre en veste de basin et en bonnet de coton.

— Monsieur veut des cardons d'Espagne? les faut-il au jus ou au beurre?

— Je veux des choux de Bruxelles, et non des cardons d'Espagne... je ne suis pas à Madrid, que diable!

— Pardon, je n'avais pas compris; très-bien! Garçon, apportez de la choucroûte à Monsieur.

Si j'avais eu des crics, des chèvres et quelques bigues à mon service, j'aurais de grand cœur jeté l'hôtelier par la propre fenêtre de son hôtellerie; mais je n'en avais pas, et il n'était au pouvoir d'aucune force humaine de remuer une pareille masse.

Le garçon apporta des petits pois verts qui étaient réellement verts et petits, contrairement à l'usage des pois ainsi nommés, qui se permettent, surtout à la fin d'août, d'être jaunes et gros à les couper par tranches comme des melons.

Suivant le conseil de Jules Janin, nous fîmes venir, pour nous acquérir l'estime de l'hôtelier, près de qui notre porte-manteau aurait pu nous compromettre, une bouteille de vin de Bordeaux d'une qualité équivalente à peu près à un cabriolet avec cheval demi-sang. Nous n'osâmes pas risquer, vu le peu d'épaisseur de nos habits, le *Laffitte* représentant l'équipage complet. Cela eût été trop mythologique et trop exorbitant.

Notre pâture prise, nous mîmes le nez à la fenêtre pour voir un peu la configuration de la rue et des perspectives avoisinantes. Nous avions en face de nous une maison percée de grandes fenêtres, avec toutes sortes de jeunes filles accoudées au balcon, les unes laides, les autres laides, très-brunes et assez maigres. C'était probablement un atelier de broderie ou quelque chose comme cela : une seule était blonde et jolie, mais, hélas! elle ne pesait pas quatre-vingts livres, et elle était d'une blancheur de cire vierge; elle avait, du reste, une position bizarrement gracieuse : elle était assise sur la fenêtre, le dos appuyé contre le balustre, et la tête renversée du côté de la rue, de façon à ce que ses cheveux, mal retenus par son peigne, pendaient en dehors. Elle chantait je ne sais quelle romance en dodelinant la tête avec un petit tic nerveux on ne saurait plus charmant.

Les petites s'étant aperçues que nous les regardions, nous examinèrent plus à fond, et le résultat fut qu'à l'exception de la pâle blonde, qui se balançait toujours en chantant sa chanson, elles éclatèrent toutes de rire comme un cent de mouches, et parurent nous trouver très-bouffons, moi surtout, à cause de mes longs cheveux, et Fritz, pour une raison que je n'ai pas bien démêlée, car il n'avait rien que de très-majestueux en soi-même, et son aspect, ce soir-là, était des plus convenables.

Nous nous lançâmes ensuite à travers la ville, à tout hasard, comme deux sangliers dans un fourré. Fritz, qui a un mouvement particulier d'aileron qui le fait marcher en volant et voler en marchant, à l'instar des autruches, allait devant ; moi, je suivais bien loin derrière en soufflant comme un dogue qui a avalé une fourchette en léchant un chaudron, et d'autant plus inquiet que j'avais oublié le nom de la rue où était l'auberge. Ce qui me rassurait un peu sur la crainte de perdre mon ami Fritz, c'est que j'étais porteur de la bourse, circonstance qui l'eût nécessairement forcé à me retrouver, même au fond des enfers, ou tout en-haut de la Magdalena-Straas.

Après avoir traversé une infinité de rues bordées de maisons avec des toits en escaliers, nous débouchâmes tout d'un coup sur la place de l'Hôtel de Ville, c'est la plus vive surprise que j'aie éprouvée dans tout mon voyage.

Il me sembla que j'entrais dans une autre

époque, et que le fantôme du moyen âge se dressait subitement devant moi ; je croyais que de pareils effets n'existaient plus qu'au Diorama et dans les gravures anglaises.

Qu'on se figure une grande place dont tout un côté est occupé par l'Hôtel de Ville, un édifice miraculeux avec un rang d'arcades, comme le palais ducal à Venise, des clochetons entourés de petits balcons à rampes découpées, un grand toit rempli de lucarnes historiées, et puis un beffroi de la hauteur et de la ténuité la plus audacieuse, tailladé à jour, si frêle que le vent semble l'incliner, et tout en haut, un archange doré, les ailes ouvertes et l'épée à la main.

A droite, en regardant l'Hôtel de Ville, une suite de maisons qui sont de véritables bijoux, des joyaux de pierre ciselés par les mains merveilleuses de la Renaissance. On ne saurait rien voir de plus amoureusement joli ; ce sont de petites colonnettes torses, des étages qui surplombent, des balcons soutenus par des femmes à gorge aiguë, terminées en feuillages ou en queues de serpent, des médaillons aux cadres fouillés et touffus, des bas-reliefs mythologiques, des allégories soutenant des écussons armoriés, et tout ce que la coquetterie architecturale de ce temps-là peut imaginer de plus séduisant et de plus amusant à l'œil. Toutes ces maisons sont admirablement conservées, il n'y manque pas une pierre ; la triple chemise de couleur dont elles sont couvertes les conserve comme dans un étui.

La face parallèle est occupée par des édifices d'un caractère tout différent. Ce sont des hôtels dans le style florentin avec des bossages vermiculés, des colonnes trapues, des balustres, des guirlandes sculptées, des pots à feu, et près du comble de ces grands enroulements de pierre, de ces volutes contournées plusieurs fois sur elles-mêmes, dont j'ignore le nom technique, et qui ont assez l'air du paraphe de la signature de l'époque ; ajoutez à cela que presque tous les ornements en saillie, tels que les chapiteaux des colonnes, l'intérieur des cannelures, le cadre des cartouches, et les flammes des cassolettes sont dorés, et vous aurez quelque chose d'assez étrangement magnifique, surtout pour un pauvre Parisien qui n'a vu que les maisons crottées jusqu'au troisième étage de son pandémonium.

Ce côté de la place forme une vraie galerie d'architecture, où toutes les nuances du *rococo* espagnol, italien et français, depuis Louis XIII jusqu'à Louis XV, sont représentées par échantillon authentique et du meilleur choix. Je me sers ici du mot *rococo* faute d'autre, sans y attacher aucun sens mauvais, pour désigner une période d'art qui n'est ni l'antiquité, ni le moyen âge, ni la renaissance, et qui, dans son genre, est tout aussi originale et tout aussi admirable.

Vis-à-vis l'Hôtel de Ville, et pour clore la place, il y a un grand palais gothique, une espèce de maison votive, élevée par je ne sais plus quelle princesse, à la suite de je ne sais plus quels événements, ayant perdu la petite bande de papier où j'avais copié l'inscription latine qui est écrite sur la façade; car, bien que j'aie bonne mémoire, je me souviens assez peu volontiers du style lapidaire, surtout lorsque je crois avoir l'inscription dans ma poche. Mais la légende ne fait rien à la médaille.

Cette maison votive sert maintenant de lieu de réunion à quelque société mangeante, fumante, dansante ou littéraire, et l'intérieur, vivement illuminé, faisait flamboyer un incendie de vitraux sur la face noire du vieux édifice enseveli dans l'ombre, car la lune se levait par derrière, et commençait à jeter sur les autres maisons de la place son voile de crêpe lilas, glacé d'argent; tout cela avait l'air si peu naturel et si peu probable, que nous croyions être devant une décoration de théâtre, exécutée par des artistes plus admirables que MM. Feuchères, Desplechin, Séchan et Diéterle, peintres de l'Opéra.

Fritz prétendit même avoir entendu les trois coups du régisseur et la sonnette qui appelle les acteurs pour entrer en scène.

En effet, cela ressemblait à s'y méprendre au premier acte d'un drame de Victor Hugo, de *Lucrèce Borgia* ou d'*Angelo*. — Le grand palais de rigueur tout illuminé, et faisant rayonner sa joie dans la morne tristesse de la nuit ; au fond la silhouette noire de Padoue au moyen âge, qui se découpe sur l'horizon avec ses flèches et ses clochers.

Nous attendîmes quelque temps que Gubetta sortît de derrière son pilier, que madame Dorval descendît les marches du palais flamboyant, suivie du podestat jaloux, et qu'Homodei se levât de dessus son banc, avec sa guitare. Mais comme rien ne venait, nous prîmes le parti de nous en aller.

Seulement Fritz voulait redemander son argent à la porte, et cherchait à vendre sa contre-marque à quelque Wallonnais. Puisqu'il n'y avait pas spectacle, nous résolûmes d'aller prendre une tasse de café, chose qui nous semblait d'une exécution facile, et qui nous coûta des peines infinies.

Ayant vu un établissement où il y avait écrit : *Estaminet*, nous entrâmes bravement tous les deux de front pour avoir l'air plus respectable.

— Hélas ! autant aurait valu pour nous tomber

dans une fourmilière ou dans une marmite d'eau bouillante ; il y régnait un brouillard si épais qu'il était impossible à un homme d'une taille moyenne d'apercevoir ses pieds du haut de sa tête. Cependant, grâces au bâillement de la porte que nous n'avions pas refermée, la fumée de tabac s'étant un peu dissipée, nous pûmes apercevoir un comptoir ciré tout chargé de mesures de verre, de pots d'étain d'un poli resplendissant, et quelque chose au milieu qui avait des ressemblances éloignées avec une femme. Nous demandâmes du café, de l'air simple et naturel de gens qui ne croient pas dire quelque chose d'énormément ridicule.

Alors, du fond du nuage où nous commencions à distinguer çà et là quelques hures de Wallons, et quelques dos de femmes accoudées à des tables, s'éleva une clameur universelle, un hourra gigantesque, un éclat de rire plus qu'homérique entrecoupé de : Oh eh ! les *fransquillons*, oh eh ! et d'autres grognements dans le français du lieu, qui est moins intelligible que le flamand simple ou le hollandais double. — Fort effrayé de cette réception peu amicale de la part d'un peuple à qui nous sommes intimement alliés, dit-on, je fis une prodigieuse cabriole en arrière, qui me mit à peu près au milieu de la rue, à une distance assez agréable de ce Capharnaüm damné. Une demi-seconde, un tiers, un scrupule de seconde après, je reçus dans l'estomac Fritz, qui battait en retraite précipitamment, quoiqu'il soutînt qu'il s'était retiré avec les honneurs de la guerre. Pour moi, j'avoue franchement que je ne résistai pas à l'idée d'être mis en quartiers et mangé tout cru par les Wallons, et que je me sauvai héroïquement le premier, comptant que la mise à mort, l'écorchement et le scalpement de mon ami intime me donneraient le temps d'atteindre les pays civilisés.

Malgré cet échec, Fritz, qui tenait à prendre du café, chercha à me prouver, par des raisonnements plus brillants que fondés, que nous n'étions pas encore tout à fait chez les Esquimaux, et qu'au bout du compte nous ne courions guère d'autre risque que de nous faire jeter à la tête une certaine quantité de pots d'étain, ce qui était une occasion excellente de faire des expériences sur la dureté spécifique de notre crâne, occasion qui ne se représenterait peut-être jamais.

Entraîné par ses sophismes dorés, je me hasardai avec lui en plusieurs autres endroits, où la même huée colossale nous accueillit, et toujours en refrain : Oh eh! les chiens de *fransquillons!* Je me crus un instant à Constantinople; il n'y manquait que le chien de chrétien et Giaour.

Enfin, après plusieurs essais plus ou moins malheureux, nous trouvâmes un endroit où l'on nous donna du café, sans hourra et avec un sérieux convenable.

Le café pris, il s'agissait de retourner à l'hôtel du Morian. — Nous fîmes environ vingt-cinq lieues avant de retrouver ce bienheureux hôtel, les indications malicieuses des Wallons aidant sans doute à nous fourvoyer. Cependant, ayant enfilé à tout hasard une rue assez longue, il se trouva que c'était la rue d'Or, la rue que nous cherchions. O bonheur inespéré !

On nous conduisit dans nos chambres, et vers nos lits, dont nous avions éminemment besoin. Les lits belges ne sont pas faits comme les lits de France, il n'y a point de traversin, mais bien deux grands oreillers posés côte à côte. Les couvertures sont de coton, avec des petits nœuds et des entrelacements d'un très-joli effet. Les draps sont en toile de lin, les enveloppes des matelas de toile damassée assez semblable aux nappes à thé ; les chandeliers n'ont pas non plus la même forme que les nôtres; ils posent sur un pied très-large, et se rapprochent des bougeoirs du temps de Louis XV. Le parquet est fait en planches de sapin grattées au vif, et qui ont une couleur de saumon pâle, au lieu d'être en carrés marquetés comme ici. On les lave toutes les semaines avec de l'eau bouillante et du grès. — Tout ceci ne paraîtra peut-être pas fort intéressant, mais cependant ce sont tous ces petits détails qui constituent la différence d'un pays à un autre.

Quant au sommeil belge, il est exactement

pareil au sommeil parisien. Seulement, Fritz rêva qu'il se baignait dans la rivière jaune de la Chine, et qu'il avait eu une indigestion de nids d'hirondelles, en sortant de souper avec un mandarin dont les ongles avaient huit pouces de long. Voilà ce qui se passa de plus remarquable dans cette nuit.

Le matin nous déjeunâmes comme un troupeau de lions à jeun depuis quinze jours, et je n'ose dire par modestie ce que nous nous infiltrâmes de bière dans le corps; après cela, nous sentîmes un besoin prononcé de rouler par la ville le tonneau de faro et de lambick que nous avions caché sous notre peau.

Bruxelles est une ville d'un aspect plutôt anglais que français dans les parties modernes, plutôt espagnol que flamand dans ses parties anciennes. Il y a peu d'églises considérables, excepté Sainte-Gudule, rue de la Montagne. Les vitraux, les confessionnaux et la chaire de Sainte-Gudule sont d'une grande beauté. Quand je la visitai, on était en train de la regratter, de la restaurer et de la badigeonner, car la rage du badigeon est encore bien plus véhémente en Belgique qu'en France. Dans cette église je remarquai pour la première fois cette idolâtrie de christianisme générale en Belgique, et d'un effet tout nouveau pour moi, qui n'ai vu que les églises voltairiennes de France : c'était une profusion de clinquant, de couronnes, d'ex-voto, de cierges, de pots de fleurs, de bannières brodées, de caisses d'orangers, et mille autres inventions dévotes.

Une chose très-remarquable à Bruxelles, c'est que toutes les boutiques portent cette inscription : Un tel, bottier de la cour; un tel, grènetier de la cour; un tel, marchand d'allumettes de la cour, et sans cesse, et à propos de métiers qui ne semblent pas le moins du monde avoir affaire à la cour. Les boutiques d'apothicaires portent pour enseigne de grands bois de cerfs naturels, cela soit dit sans faire allusion à l'état conjugal d'aucun de ces messieurs. Quant aux estaminets, il y en a deux fois plus que de maisons.

A force de ramper le long de la Magdalena-

Straas, nous parvînmes à une grande belle place carrée, qui se nomme la place Royale, et sur laquelle on voit une église avec un fronton où il y a, au milieu d'une gloire, un œil sculpté qui a l'air d'un modèle d'œil gigantesque proposé à tous les bambins de la ville. Le palais du roi est tout près de là. C'est un assez grand édifice d'une architecture médiocre, peint en blanc, à l'huile, et qui doit être un logis comfortable et commode. L'art n'a rien à y voir. Le Parc, qui est assez petit, n'offre rien de particulier; on y trouve un petit bassin et quelques groupes thermes, gaines et statues, peints également à l'huile et vernis; les arbres de ce jardin m'ont semblé d'un vert admirable, même pour ce pays de belle verdure, et il y règne un grand air de fraîcheur.

Notre tour fait dans le Parc, nous allâmes chez les éditeurs de contrefaçon: j'achetai les poésies complètes d'Alfred de Musset, en un volume, et *Madame de Sommerville*, de Jules Sandeau; je voulus aussi acheter *Mademoiselle de Maupin*, roman de votre serviteur; mais j'avoue que cela me fut impossible, par la raison que je ne le trouvai nulle part. Ceci me mortifia d'autant plus, que le Bibliophile, l'Alphonse Brot, l'Hippolyte Lucas, et autres gens illustres de ma connaissance, étaient mirifiquement contrefaits, et que je confesse avec toute l'humilité qui me caractérise que jusqu'ici je m'étais cru l'égal de ces messieurs. Mon voyage m'a détrompé, et fait revenir d'une si folle présomption (1). Le Bibliophile surtout jouit d'une si grande réputation dans ce pays-là, que les *Mauvais Garçons* d'Alphonse Royer et de Barbier, la *Notre-Dame* de Victor Hugo, les deux meilleurs romans que le moyen âge ait inspirés, sont imprimés sous son nom.

Les volumes de prose du *Spectacle dans un Fauteuil*, d'Alfred de Musset, ne sont pas connus en Belgique, et le contrefacteur à qui je les demandai parut tout surpris, et écrivit

---

(1) L'auteur écrivait cela il y a quelques années : aujourd'hui toutes ses œuvres ont subi les honneurs de la contrefaçon.

(*Note de l'Éditeur.*)

sur-le-champ à son correspondant de les lui envoyer. Cela ne fait pas grand honneur à la publicité de la *Revue des deux Mondes*, et aux goûts littéraires des libraires belges.

En sortant des boutiques des contrefacteurs, nous prîmes un fiacre, et nous nous fîmes conduire à la porte de Laeken pour voir les chemins de fer. Les fiacres belges sont très-beaux, et ne ressemblent nullement à nos sapins; ils vont vite, et sont attelés de chevaux convenables. Celui où nous étions était une espèce de landau doublé de velours blanc, et qui eût paru ici un équipage fort magnifique; mais aussi, s'ils sont deux fois plus beaux que les nôtres, ils sont deux fois plus chers. Ils se tiennent d'habitude sur la place Royale; il y en a à peu près une quarantaine.

Un chemin de fer est maintenant un objet d'une trop haute importance et trop *palpitant d'actualité* pour que nous ne lui consacrions que le dernier alinéa de notre chapitre; cela serait surtout un peu léger de notre part, à nous qui sommes en délicatesse à l'endroit du chemin de fer, et qui en avons parlé maintes fois en termes peu mesurés. Le chemin de fer de Bruxelles à Anvers, ô magnanime lecteur! sera donc le sujet du chapitre suivant, avec une description très-belle d'Anvers à vol d'oiseau, que je tiens en réserve pour le crescendo de ma symphonie.

Le chemin de fer est maintenant à la mode : c'est une manie, un engouement, une fureur ! Mal parler du chemin de fer, c'est vouloir s'exposer de gaieté de cœur aux invectives agréables de messieurs de l'utilité et du progrès; c'est vouloir se faire appeler rétrograde, fossile, partisan de l'ancien régime et de la barbarie, et passer pour un homme dévoué aux tyrans et à l'obscurantisme. Mais dût-on m'appliquer le fameux vers de M. Andrieux :

Au char de la raison attelé par derrière,

je dirai hardiment que le chemin de fer est une assez sotte invention. — Comme aspect, le chemin de fer n'a rien de pittoresque en lui-même. Figurez-vous de petites tringles (rails-road) posées à plat sur des bûches, dans lesquelles s'engrènent des roues creuses et d'un diamètre médiocre, de la grandeur à peu près des roues de devant d'une diligence. — Puis, une longue file de voitures, fourgons, chariots liés les uns aux autres avec des chaînes, et séparés par de gros tampons de cuir, pour tempérer le frottement et les chocs accidentels. — En tête un remorqueur, espèce de forge roulante, d'où s'échappent des pluies d'étincelles, et qui ressemble, avec son tuyau dressé, à un éléphant qui marcherait la trompe en l'air. — Le reniflement perpétuel de cette machine, qui, en fonctionnant, crache une noire vapeur, avec un bruit pareil à celui que ferait, en soufflant l'eau salée par ses évents, un monstre marin enrhumé du cerveau, est assurément la chose du monde la plus insupportable et la plus pénible, l'odeur fétide du charbon de terre, doit être aussi mise en ligne de compte parmi les avantages de cette manière de voyager.

Je m'imaginais que l'on ne sentait aucune espèce de cahot ni de mouvement sur les bandes polies du chemin de fer ; c'est une erreur : les voitures traînées par le remorqueur ont une oscillation d'avant en arrière, une espèce de tangage horizontal qui affadit et donne mal au cœur. Ce n'est point un cahotement de bas en haut comme celui qui est causé par les inégalités des chemins ordinaires ; c'est un mouvement pareil à celui d'un tiroir à coulisse qu'on ouvrirait et qu'on refermerait plusieurs fois de suite avec précipitation. Le remorqueur se met en marche, la première voiture tire la seconde qui vient frapper sur le tampon intercallaire, et ainsi de suite, jusqu'au bout de la file ; ce contre-coup sourd est quelque chose d'affreux, surtout quand le remorqueur s'arrête, — cérémonie qui s'exécute avec une musique de ferraille peu réjouissante.

Pour la vitesse, elle est assez grande ; mais

cependant, elle ne m'a pas paru dépasser celle d'une chaise de poste. On m'a dit, il est vrai, que la machine pouvait être beaucoup plus poussée, et la force de progression doublée. — Après cela, il y a cette petite considération, de sauter en l'air et d'être envoyé à la rencontre des aérolithes et des étoiles filantes, promenade qui ne manque pas d'un certain charme.

J'avoue que j'aime mieux les anciennes voitures attelées avec des chevaux, que toutes ces mécaniques de complication peu rassurante. — Une bonne berline, avec trois forts chevaux, et un postillon, seulement à moitié ivre, qui fait claque allègrement son fouet, et fesse à tour de bras les lutins de l'air, a quelque chose d'autrement vivant et joyeux que des rangées de corbillards qui glissent silencieusement sur ces rainures au bruit asthmatique du chaudron.

De bons chevaux piaffant, hennissant, avec de grandes crinières, des croupes satinées, des pompons rouges et des grelots scandant de leurs sabots ce beau vers de Virgile :

Quadrupe | dante pu | trem soni | tu quatit | ungula | campum, sont certainement préférables comme poésie et comme commodité ; on peut aller à droite et à gauche, traverser et couper au lieu de suivre imperturbablement la ligne droite, celle de toutes les lignes qui déplaît le plus aux gens qui n'ont pas le bonheur d'être mathématiciens ou fabricants de chandelles, et qui ont conservé dans un coin de leur âme le sentiment du beau, — provenant, comme on sait, de l'emploi des lignes rondes et des zigzags, vérité très-connue des enfants qui vont à l'école.

Quand le seul inconvénient des chemins de fer ne serait que d'amener la suppression des chevaux et des cochers, ce serait assez, à mon sens, pour qu'on ne les adoptât pas. — J'abandonnerais assez volontiers les cochers pour qui j'ai une sollicitude médiocre ; mais je serais désolé que ce superbe animal qui a fourni à Job et M. Delille le sujet d'une si belle description, disparût de la surface du globe ; et vraiment, du train dont y vont MM. les utilitaires, je crains fort que l'on n'en arrive bientôt, comme on le voit dans la caricature de *Cruischank*, à faire l'exhibition du dernier cheval, entre une cage d'humanitaires et de Papous de la mer du Sud. Dans quelques cents ans d'ici, les Georges Cuvier et les Geoffroy Saint-Hilaire de l'époque arriveront, par l'anatomie comparée, à reconstruire les squelettes de chevaux dispersés dans les couches de tuf, de calcaire ou de marne, en feront des descriptions interminables propres à démontrer qu'il ne faut pas confondre la bête appelée cabalontosaurium, qui vivait avant le grand renouvellement du monde, opéré par la vapeur, avec le hanneton et le rhinocéros; et que ce n'est pas non plus un poisson comme quelques savants l'ont d'abord prétendu.

Nous ne sommes pas encore arrivés au degré de folie des Américains, qui font des chemins de fer dans tous les sens, sous terre, dans l'eau, au grenier, à la cave, et d'un coin de la chambre à l'autre. — Nous avons trop de bon sens pour nous laisser aller à de telles rêveries, et la France sera assurément le dernier pays sillonné de chemins de fer. — Les chemins de fer sont à peu près comme les omnibus, qui coûtent peu de frais de transport, parcourent de grands espaces, et voiturent beaucoup de monde. Ils ne vont jamais où l'on a affaire : c'est ce qui fait que la première rue venue, et un cabriolet, vaudront toujours infiniment mieux. Un chemin de fer et un omnibus aboutissent, sans exception, à un bourbier, à une porte fermée et à un égout en construction; de sorte que pour arriver à l'endroit où l'on veut aller, il faut toujours prendre une voiture et un cheval ordinaires.

Tout ce qui était véritablement utile à l'homme a été inventé dès le commencement du monde. Ceux qui sont venus après se sont renversé l'imagination pour trouver quelque chose de nouveau : on a fait autrement, mais on n'a pas mieux fait. Changer n'est pas progresser, il s'en faut de beaucoup; il n'est pas encore prouvé que les bateaux à vapeur l'emportent sur les vaisseaux à voile, et les chemins de fer, avec leur machine locomotive, sur les routes ordinaires et les voitures traînées par des chevaux; et je crois qu'au bout du compte, on finira par en revenir aux anciennes méthodes, qui sont toujours les meilleures. — Un de mes amis, homme de grande science et de grand esprit, s'occupe à fabriquer de la chair, en faisant passer des courants électriques dans du blanc d'œuf ; je pense qu'il est plus simple d'acheter une livre de viande chez le boucher, car les beef-steaks de mon honorable ami ressemblent, quoi qu'il en dise, à des omelettes manquées ; et quand même son opération réussirait parfaitement bien, qu'en résulterait-il? Depuis Adam de bien heureuse mémoire on a de la viande sans galvanisme, sans courants électriques et sans blanc d'œuf. J'ai connu aussi un autre jeune homme qui avait trouvé la poudre de projection ; il a dépensé vingt-deux mille francs pour composer un louis, et fit fondre la maison où était son laboratoire, par la violence et la continuité du feu. Beau profit ! en vérité. Ceci est un peu l'histoire du chemin de fer.

Les wagons sont divisés en berlines, diligences, char à bancs couverts et simples chariots. — Dans la berline, les places sont séparées comme des stalles de théâtre, et l'on est assis sur de petits fauteuils ; la diligence est absolument pareille aux diligences ordinaires ; le prix des places varie depuis quatre francs dix sous jusqu'à un franc ; il y a plusieurs départs dans la journée.

Le chariot locomotif, le cheval de vapeur, qui râlait affreusement depuis quinze minutes, se mit à renacler plus fort, et à souffler plus activement la fumée ; un mouvement se fit, et nous commençâmes à rouler, d'abord avec lenteur, puis plus rapidement, et enfin avec une assez grande vitesse.

Le pays que nous traversions était parfaitement plat et parfaitement vert ; çà et là, les blanches maisons de Laeken, semblables à des marguerites, s'épanouissaient sur ces riches tapis d'émeraude, mouchetés de grands bœufs nageant dans l'herbe jusqu'au ventre ; des jardins anglais avec des allées jaunes, des rivières endormies aux eaux d'étain et de vif-argent, des ponts chinois, enluminés de couleurs brillantes, passaient à droite et à gauche ; des peupliers maigres et longs défilaient au grand galop ; des clochers se haussaient au bord de l'horizon ; de grandes flaques d'eau, pareilles aux écailles dispersées d'un poisson gigantesque, miroitaient de loin en loin sur la terre brune ; dans les excavations nombreuses qui bordaient le chemin, quelques estaminets avec le *Verkoopt men dranken* en lettres longues d'un pied, souriaient doucement du fond de leur petit jardinet de houblon, et faisaient mille avances au voyageur, pour l'engager à descendre et à boire un bon verre de cette grosse bière flamande, et à fumer une pipe de ce patriotique tabac belge ; avances inutiles, car sur un chemin de fer on ne peut s'arrêter, même pour boire, ce qui est un des plus graves inconvénients du chemin de fer, à mon avis.

Des barrières de bois peint, gardées par de petits garçons, barraient tous les chemins de traverse, jusqu'après le passage des wagons ; et de distance en distance, de frêles cabanes de gâchis et de paille abritaient les pionniers chargés de veiller à ce qu'aucune pierre ne se trouvât sur le rail.

La machine étant arrivée à son plus haut degré de progression, produisit un effet pareil à celui qui dans un bateau vous fait voir les rives en mouvement, tandis qu'il vous semble que vous-même vous êtes immobile. Les champs étoilés des fleurs d'or du colza commencèrent à s'enfuir avec une étrange vélocité, et à se hacher de raies jaunes où l'on ne distinguait plus la forme d'aucune fleur ; le chemin brun, piqué de petits cailloux blancs crayeux, avait l'apparence d'une immense queue de pintade que l'on aurait tirée violemment sous nous ; les lignes perpendiculaires devenaient horizontales, et si la figure du pays eût été mieux dessinée et plus accidentée, cela eût produit un mirage singulier. La silhouette de Malines, où ressortait principalement une grande tour carrée, passa si vite à côté de nous que, lorsque je poussai le coude à mon ami Fritz pour la lui faire voir, elle était déjà hors de portée. Cette rapidité ne se soutint pas, soit que le charbon manquât, soit que la nécessité de poser des voyageurs à différentes stations forçât de ralentir le feu. Cependant nous approchions d'Anvers, et comme le chemin de fer n'y aboutit pas directement, une foule d'omnibus de diverses formes et de diverses couleurs était ameutée à la descente. Ces omnibus se payent six sous comme les nôtres ; ils sont doublés en toile peinte et cirée, ont une impériale entourée de grillage pour mettre les paquets, et sont attelés de trois chevaux de front, comme l'étaient primitivement les omnibus de Paris. Ces chevaux, plus beaux et mieux nourris que les misérables rosses qui servent ici au transport en commun, n'ont pour tout harnais qu'un collier très-léger et sont du reste entièrement nus.

On entre dans Anvers par une porte de pierre, relevée de bossages, d'armoiries, et de trophées d'un effet qui ne manque pas de majesté ; les maisons roses, vert-pomme et gris de souris y abondent comme de raison ; j'en ai même vu deux ou trois en bois d'un ton goudronné fort régalant ; mais ce qui m'a le plus étonné, c'est la quantité prodigieuse de Madones, peintes et ornées de verroteries comme les bonnes vierges du moyen âge, que l'on voit à chaque angle de rue. Les Calvaires ne sont pas moins nombreux ; les sept instruments de la passion, la croix, la lance, l'échelle, le marteau, les clous, l'éponge, la couronne d'épines, disposés en faisceau, tapissent presque toutes les murailles ; de grands Christs d'un aspect tout à fait patibulaires, teints d'une couleur de chair livide et sillonnés de longs filaments rouges, s'élèvent dans les carrefours et au coin des places ; une lanterne leur tient lieu d'auréole, et ils ont tous une inscription conçue à peu près ainsi : *Ex Christo splendor*, ou *Christus dat lucem*, sur toutes les variations possibles ; on ne peut se figurer l'effet fantastique que font au clair de lune, dans la brume du soir, ces figures, de grandeur naturelle, avec leur lanterne rougeâtre, qui semble un œil de cyclope ouvert dans la nuit.

J'avais vu chez Roger de Beauvoir, sur son album, un dessin très-fantastique d'Alphonse Royer, représentant une immense tache d'encre, avec cette pompeuse inscription : *Anvers la nuit*. Rien ne s'opposait à ce que ce fût Constantinople ou Mazulipatnam. J'avais gardé à cause de ce dessin fallacieux une idée très-noire d'Anvers, et rien ne me surprit davantage que d'y voir clair, même la nuit, grâce au Christs-lanternophores. Rien n'est moins bitumineux, moyen âge et fouillis que la ville d'Anvers ; pas le moindre ruisseau stagnant, pas la moindre rue dépavée, rien enfin de ce pêle-mêle pittoresque qui fait de Rouen une si charmante ville pour les artistes. Ysabey, Poitevin et autres seigneurs de la peinture ficelée, chiquée et culottée (pardon du mot), ne trouveraient pas le plus léger sujet de croquis à Anvers ; tout y est large, vaste, bien aéré, d'une propreté fabuleuse ; tout y est peint à trois couches, même la cathédrale, qui est enluminée d'un pistache assez facétieux.

Nous descendîmes sur la place Verte dans le dessein louable de dîner très-bien ; ce à quoi nous ne réussîmes qu'imparfaitement ; mais Dieu, qui ne regarde que l'intention, nous pardonnera, je l'espère. On nous avait indiqué l'hôtel de l'Union comme un endroit où l'on pouvait vaquer agréablement à la réparation de dessous le nez ; nous allâmes donc à la *restauration* de l'Union, car, en français-belge, un restaurant se nomme une restauration. C'est une très-grande maison d'un blanc tirant sur le bleu de ciel, avec de grandes fenêtres, des bornes de fonte et d'un aspect tout à fait convenable. Nous y bûmes d'un certain vin blanc du Rhin qui n'était pas trop mauvais. Quant à la cuisine, elle était banale, et sans le moindre caractère. Fritz, qui a la manie des ingrédients exotiques, ne put trouver sur la carte, quoiqu'il eût eu la patience de la lire d'un bout jusqu'à l'autre, rien d'étrange et d'incongru, excepté une compote de gingembre de la Chine. Les confitures que Pantagruel envoya à Pichrocole ne sont rien auprès de cela. Figurez-vous des cantharides marinées dans de l'eau forte, du piment au vitriol, tout ce que vous pourrez imaginer de plus diaboliquement épicé et de plus haut en goût, une mixture à vous faire venir des cloches à la langue, comme si vous eussiez léché des orties, et vous aurez une faible idée de ce ragoût chinois et de saveur exorbitante.

Dès que nous eûmes dans le corps deux bouchées de cette abominable composition, nous commençâmes à crier : Haro! haro! la gorge mard! sus page à la humerie! mais l'incendie ne s'éteignit pas pour cela, et nous fûmes obligés de nous lever de table avec un volcan en flamme dans la poitrine.

A côté de nous dînaient deux vaudevillistes de mes amis dont j'ignore le nom... Aller en Flandre pour voir des Flamandes blondes, et y trouver des Parisiens vaudevillistes : ô dérision!

Les vaudevillistes s'en furent à l'orient, et nous au couchant; nous ne nous sommes pas encore rencontrés depuis.

Comme il faisait encore assez de jour, nous visitâmes la cathédrale : il y a trois Rubens miraculeux, la Descente de croix, l'Érection de la croix et l'Assomption de la Vierge; les deux premiers avec des volets de la même main, qui forment quatre tableaux. Six pages de oh! de ah! et de points d'exclamation, ne pourraient que faiblement représenter la stupeur admirative dont je fus saisi à l'aspect de ces prodiges; au lieu d'un chapitre, il me faudrait un volume in-octavo. La chaire de bois, sculptée par Verbruggen, est de la plus grande beauté. Le sujet représente Adam et Ève, et la rampe, entourée de pampres et de feuillage, est chargée de toutes sortes d'oiseaux et d'animaux singuliers, entre autres, des dindons faisant la roue. Est-ce une allusion maligne de l'artiste aux ouailles du prédicateur, ou au prédicateur lui-même? Nous n'osons décider cette question délicate. Quelle souplesse, quelle netteté, quelles arêtes franches et vives, quelle tournure abondante et facile! comme cela est touffu, luxuriant, plein d'invention et de curiosité dans les détails, et que ces artistes du seizième siècle étaient de robustes compagnons! L'église renferme aussi quelques bons tableaux de Quellyn, d'Otto Venius, maître de Rubens, de Vandick, et de plusieurs autres. Une seule chose chagrinante, c'est que cette belle cathédrale, qui est peinte en pistache par dehors, soit barbouillée en-dedans d'un jaune-serin exécrable, appliqué à plusieurs couches, et avec le plus grand soin du monde.

L'église visitée intérieurement, l'idée de grimper dans le clocher se présenta à nous ; il nous en coûta trois francs, ce qui est un peu cher pour un clocher. On montait dans les tours de Notre-Dame pour six sous, avant le roman de Victor Hugo, qui a mis la vieille cathédrale à la mode ; il en coûte huit sous maintenant, prix encore assez raisonnable.

Il y a six cent vingt-deux marches du pavé à la base de la croix qui surmonte la flèche ; on se hisse par un petit escalier tournant, où d'étroites barbacanes laissent à peine filtrer un jour douteux. L'obscurité est d'abord très-intense, à cause de l'ombre des édifices voisins ; mais à mesure qu'on s'élève, le jour augmente dans une progression symbolique, pour faire comprendre qu'en s'éloignant de la terre, les ténèbres se dissipent, et que la vraie lumière est en haut. A la moitié de la hauteur, se trouvent les cages des cloches, ces monstrueux oiseaux qui perchent et chantent sur le feuillage de pierre des cathédrales, et des chambres où l'on moule en ciment-mastic les fleurons ébréchés, et où l'on fabrique les ornements en saillie, dont le temps ou la guerre ébarbe incessamment la vieille église. — C'est une justice que l'on doit rendre aux Belges, ils soignent leurs monuments avec un amour tout filial : une pierre n'est pas plustôt tombée, qu'elle est replacée ; un trou ouvert, qu'il est bouché ; ils les mettraient volontiers sous verre, et cela est vraiment un état agréable, que l'état de monument dans ce pays-là. Seulement ils se montrent infiniment trop prodigues de vert-pomme, de jaune-citron, et autres badigeons peu gothiques. L'hôtel de ville d'Alost, où nous passâmes en revenant, est quelque chose de bien curieux dans ce genre : le fond de la muraille est d'un vert tirant sur le prasin, rayé de petites lignes blanches, pour figurer le joint des pierres ; les colonnettes sont bleu d'ardoise, les statues et les sculptures en blanc d'argent verni ; c'est fort bouffon, on dirait un jouet d'Allemagne.

Après bien des détours dans le ventre ténébreux du tube immense, nous débouchâmes enfin sur la plate-forme. Un panorama gigantesque se déploya devant nos yeux ; on ne peut guère imaginer un spectacle plus magnifique : de grandes vagues d'air nous baignaient la figure, et les frais baisers du vent séchaient sur nos fronts moites la sueur que la fatigue de l'ascension y avait fait perler ; des bouffées de colombes passaient de temps à autre, et neigeaient en blancs flocons sur la balustrade découpée en trèfles si frêles, que je n'osais m'y appuyer, de peur de me précipiter avec elle dans l'abîme ; toute la ville se pressait au pied de la cathédrale, comme un troupeau aux pieds du pasteur ; les plus hautes maisons lui allaient à peine à la cheville, et les toits découpés en escaliers faisaient de là-haut un singulier effet ; on aurait dit que les habitants de la ville avaient essayé de bâtir des gradins pour monter à l'assaut de la cathédrale, mais qu'ils s'étaient arrêtés au bout d'une douzaine de marches, voyant l'inutilité de leurs efforts. Tous ces toits ainsi chargés d'escaliers qui n'aboutissent à rien, avaient l'air d'un tas de petites Babels inachevées.

La ville, vue à vol d'oiseau, présente la figure d'un arc tendu dont l'Escaut forme la corde ; ses toitures d'un rouge vif et d'un bleu violet écaillaient encore vivement la brume du soir, qui commençait à monter. L'Escaut brillait par places, comme une lame d'acier poli ; dans d'autres endroits, il avait l'éclat mat d'une glace tournée du côté du tain ; de l'autre côté du fleuve, on apercevait la Tête-de-Flandre, et par-delà, d'immenses prairies d'un vert velouté où les eaux de l'Escaut, qui font beaucoup de sinuosités, pailletaient de loin en loin. Des koffs à voiles rouges s'avançaient lentement en déchirant de leur léger sillage la terne pellicule de ces rubans de plomb fondu. Souvent, comme l'horizontalité de la perspective ne permettait pas d'apercevoir le lit du fleuve, les barques avaient l'air de naviguer en pleine terre, et d'être des charrues à la voile. Le gardien nous fit remarquer, tout près de la ligne où commençait le ciel, quatre petits points noirs, presque imperceptibles. C'étaient quatre vaisseaux hollandais surveillant les passages. C'est dans cette direction que se trouve Berg-op-Zoom ; mais j'eus beau récurer les verres de ma lorgnette, je ne pus rien distinguer parmi les tons violâtres du lointain qui eût la moindre ressemblance avec une ville. — Si ce grand désir de voir Berg-op-Zoom vous étonne, c'est que j'ai eu un certain grand-père qui était monté le premier à l'assaut de Berg-op-Zoom, et qui avait reçu une épée d'honneur en argent pour ce beau fait d'armes. Comme c'est l'histoire la plus triomphante de ma famille, je n'aurais pas été fâché d'entrevoir, même de très-loin, un endroit où un de mes ancêtres avait été si courageux. — Mais cette satisfaction me fut refusée.

De grands bancs de vapeurs rougeâtres s'entassaient les uns sur les autres, avec des reflets de cuivre et d'airain, comme de gigantesques armures de Titan sortant de la fournaise. C'étaient des déchirures et des éboulements, des masses entrecoupées de lueurs flamboyantes, en manière de volcan écroulé d'un effet sublime.

Le soleil, comme un immense bouclier de feu passé au bras de l'archange destructeur, rayonnait sinistrement au milieu de ces teintes rousses; la forme d'un grand nuage, qui avait l'air d'un guerrier assis sur un îlot flottant dans une mer de feu, complétait l'illusion. Cet effet fantasmagorique dura quelques minutes. Le vent soufflait avec violence, le profil du nuage s'estompa, et l'archange se fondit en brouillard.

Quand nous eûmes contemplé suffisamment ce spectacle, le gardien nous fit remarquer que nous n'étions pas tout à fait en haut et qu'il y avait encore cent vingt marches à monter, et il nous fit voir un petit escalier large comme les deux mains, en nous disant qu'il n'y avait qu'à aller tout droit.

Figurez-vous une aiguille très-aiguë, très-mince, creuse par dedans, horriblement fenêtrée et fouillée à jour, haute comme le Chimboraço, et allant toujours en s'étrécissant. Fritz cette fois, me laissa passer le premier, honneur que je n'ambitionnais guère; je le trouva beaucoup trop poli. Dès que je fus engagé dans cet abominable tuyau, il me sembla que je devenais énorme et que j'enflais considérablement. J'eus peur de ne pouvoir redescendre et d'être obligé de rester là jusqu'à la fin de ma vie, comme cette femme du gardien du phare, qui avait tellement engraissé dans son nid aérien, qu'elle ne put jamais repasser par l'étroit escalier qu'elle avait gravi lestement, fluette jeune fille. Je me sentais plus lourd qu'un éléphant, avec un château de guerre sur le dos. Les marches me ployaient sous les pieds, et mes coudes faisaient bomber les parois du mur, comme un carton sur lequel on appuie. A travers les découpures scélérates de cette infernale aiguille, aussi frêle que les dentelles de papier que l'on met sur les bonbons et sur les fruits confits, on apercevait des traînées d'air bleuâtre ou le pavé de la place, grande comme un damier de médiocre dimension, les hommes comme des hannetons, et les chiens comme des mouches, perspective agréable !

Pour surcroît de plaisir, il faisait une bise

carabinée, une bise à décorner des bœufs, et tout dansait dans ce diable de clocher, comme des assiettes sur un dressoir quand il passe une voiture.

Je me retournai pour voir si Fritz me suivait, et je lui fourrai le pied dans l'œil, ce qui vous donnera une idée suffisante de la douceur de cette rampe; enfin nous parvînmes à une petite lucarne ouverte sur le vide, près de la boule de la croix. Notre ascension était finie. Nous nous assîmes quelques instants sur la dernière marche pour nous reposer un peu. Pendant que j'étais assis, il me vint cette idée ingénieuse, qu'un jour les clochers des cathédrales devaient nécessairement s'écrouler, et que c'était peut-être ce jour et à cet instant même que la flèche de Notre-Dame d'Anvers devait fléchir sur ses jambes de granit et donner du nez sur le pavé. Il eût été peu réjouissant de se trouver précisément au sommet de la parabole. Je communiquai cette réflexion à Fritz, qui la trouva de très-bon goût, et nous nous mîmes à dégringoler l'escalier en colimaçon, les oreilles couchées sur le dos comme des lièvres qu'on poursuit.

Au moment où nous touchions la première plate-forme, le soleil, chancelant comme un homme pris de vin, fit un faux pas et trébucha au fond d'un gouffre de brume. — De temps en temps une lueur intermittente, comme celle d'un feu qu'on ravive avec un soufflet, passait sous les barres noires des nuages. C'était magnifique au delà de toute plume et de toute palette. Le galimatias le plus transcendant serait faible à côté de cela.

Du côté opposé, ce n'étaient que bleus froids, violets glacés, gris vaporeux ; il faisait déjà nuit. Malines, avec son clocher à cadran quadruple, recevait seule un rayon orangé, qui la détachait vivement sur le fond de culture zébrée de différentes nuances. La silhouette indécise de Bruxelles mordait à peine la dernière frange de l'horizon, et le remorqueur, avec sa queue de chariot et son aigrette de fumée, rampait sur son rail comme un animal étrange ; et quelques maisons de campagne, aux lumières déjà allumées, piquaient de points brillants ces larges teintes de plus en plus rembrunies.

Le soleil disparut tout à fait.

Fritz, qui est un jeune homme bien élevé, prétendant qu'il ne faut pas être malhonnête, même avec les astres, ôta très-gracieusement son chapeau, salua le soleil, et lui dit : Bonne nuit, mon vieux ; à demain.

UNE JOURNÉE A LONDRES.

UNE JOURNÉE A LONDRES.

J'avais passé la nuit au bal masqué, et rien n'est triste comme un lendemain de bal; je pris une détermination violente, et je résolus de traiter mon ennui à la manière homœopathique. Quelques heures après, ayant eu à peine le temps de me débarrasser de mes caftans, de mes poignards et de tout mon attirail turc, j'étais en route pour Londres, la ville natale du spleen.

La perfide Albion vint au-devant de moi

dans la diligence, sous la forme de quatre Anglais, entourés, bastionnés de toutes sortes d'ustensiles comfortables, et ne sachant pas un mot de français : mon voyage commençait tout de suite. A Boulogne, qui est une ville complétement anglaisée, je fus réduit à une pantomime touchante pour exprimer que j'avais faim et sommeil, et que je voulais un souper et un lit; enfin l'on alla chercher un drogman qui traduisit mes demandes, et je parvins à manger et à dormir. On n'entend à Boulogne que l'anglais ; je ne sais pas si le français, par compensation, est l'idiome dont se servent les habitans de Douvres, mais je n'en crois rien. — C'est une remarque que j'ai déjà faite sur plusieurs de nos frontières, que cet envahissement des coutumes et du langage des pays voisins. L'espèce de demi-teinte qui sépare les peuples, sur la carte et dans la réalité, est fondue plutôt du côté de la France que du royaume limitrophe. Ainsi, tout le littoral qui regarde la Manche est anglais ; l'Alsace est allemande par les bords, la Flandre est belge, la Provence italienne, la Gascogne espagnole. Quelqu'un qui ne sait que le parisien pur est souvent embarrassé dans ces provinces. Passez la frontière, vous ne trouverez pas une seule nuance française.

A six heures du matin, j'étais sur le pont du bateau à vapeur *le Harlequin*. — Cette orthographe t'aurait réjoui le cœur, mon cher Fritz, et me fit penser à toi. Ne comptez pas sur une description de tempête, dans laquelle vous verrez apparaître Neptune en barbe verte, aiguillonnant les coursiers de la mer; il faisait, comme dit le père Malebranche dans les deux seuls vers qu'il ait jamais pu tourner,

... Il faisait le plus beau temps du monde
Pour aller à *vapeur* sur la terre et sur l'onde.

(Excusez cette légère variante autorisée par les progrès de la civilisation). — La Manche, que l'on prétend si capricieuse et si mauvaise, me fut aussi clémente qu'autrefois la Méditerranée, mais la Méditerranée n'est, à vrai dire, qu'un ciel renversé tout aussi bleu et tout aussi limpide que l'autre. Le mal de mer me respecta, et les poissons ne purent pas apprendre à mes dépens si la cuisine de Boulogne était bonne.

Au bout de deux ou trois heures, une ligne blanche sortit de la mer comme un nuage ; c'était la côte d'Angleterre, qui doit à la couleur de ses rivages son nom d'Albion, sur lequel les vaudevillistes ont fait tant de couplets. Regardez cette immense falaise à pic, taillée comme un mur de fortification, qui s'élève sur la gauche, c'est le rocher de Shakspeare ; ces deux petites taches noires, ce sont les gueules du viaduc d'un chemin de fer en construction ; au fond de la baie, voilà Douvres et sa tour, que l'on prétend être aperçue de Boulogne quand il ne fait pas de brouillard, — mais il fait toujours du brouillard. Le temps était très-beau, sans un seul nuage, et cependant un épais diadème de vapeurs couronnait le front de la vieille Angleterre ; la campagne qu'on entrevoyait, quoique dénudée par l'hiver, avait un aspect net, propre, soigné, peigné au râteau ; les falaises de craie, droites comme des murs, au bas desquelles la mer creuse des cavernes à souhait pour les contrebandiers, ajoutaient encore à la régularité de la perspective. De loin en loin se montraient des châteaux et des cottages d'architectures bizarres, avec de grosses tours, des murs crénelés, couverts de lierre, ébréchés çà et là, et, de cette distance, jouant à s'y méprendre la forteresse gothique en ruines. Toutes ces citadelles, tous ces donjons à pont-levis, à machicoulis, à qui ne manquent même pas les canons et les couleuvrines de bois bronzé, donnent à la côte un air hérissé et rébarbatif, assez pittoresque, et n'en sont pas moins garnis à l'intérieur de toutes les recherches du luxe. On me fit remarquer au milieu d'un grand parc une maison blanche à aiguilles gothiques, mais de construction moderne, qui appartient à un juif colossalement riche, Mosé Montefiore, qui accompagna dernièrement monsieur Crémieux en Orient pour l'affaire des juifs de Damas. A partir de là, la côte décrit une courbe jusqu'à Ramsgate; dans cette courbe se trouve Deal, où les Romains abordèrent, à ce qu'on dit, pour la première fois, lors de leur descente en Angleterre. Je ne vois à cela aucun obstacle. L'on aperçoit ensuite le château de Walmer, résidence du lord-gardien des cinq ports; le duc de Wellington est aujourd'hui chargé de cette dignité; puis Sandwich, et un peu plus loin Ramsgate, ville de plaisance de Londres, dont les rues tirées au cordeau et les hautes maisons de brique semblent s'avancer jusque dans l'eau. Tout cela est charmant; mais le vrai coup d'œil, le beau spectacle à n'en pas vouloir d'autre, ce n'est pas la terre, c'est la mer.

Dans la rade de Docons, devant Deal, plus de deux cents vaisseaux de toute forme et de toute grandeur attendent le vent favorable pour passer le détroit. Les uns vont, les autres viennent : c'est un mouvement perpétuel. De quelque côté qu'on se tourne, on voit fumer au bord du ciel la cheminée des bateaux à vapeur, se découper en noir ou en clair l'élégante silhouette des navires. Tout vous indique l'approche de la Babylone des mers. Vers la France, la solitude est complète; pas une barque, pas un bateau à vapeur. Plus on avance, plus la cohue augmente. L'horizon est encombré; les voiles s'arrondissent en dôme, les mâts s'allongent en aiguilles, les agrès s'entrelacent; on dirait une immense ville gothique en dérive, une Venise ayant chassé sur ses ancres et venant à votre rencontre. Les bateaux-phares, le jour avec leur peinture écarlate, la nuit avec leur lumière rouge, indiquent la route à ces troupeaux de navires dont les voiles sont les toisons. Ceux-ci arrivent des Indes, montés par leur équipage de Lascars, et répandent un pénétrant parfum oriental; ceux-là de la mer du Nord, et n'ont pas encore eu le temps de fondre leurs glaçons. Voici la Chine et l'Amérique, qui apportent leur thé et leur sucre; mais, dans cette foule, vous reconnaîtrez toujours les navires anglais : leurs voiles sont noires comme celles du vaisseau de Thésée partant pour l'île de Crète, sombre livrée de deuil dont les affuble le triste climat de Londres.

La Tamise, ou plutôt le bras de mer dans lequel ses eaux se dégorgent, est d'une telle largeur, et ses rives sont si basses, que, placé au milieu du fleuve, on ne les aperçoit pas ; ce n'est qu'au bout de plusieurs milles qu'on les découvre, minces, plates, linéaments noirs entre le ciel gris et l'eau jaune. Plus le fleuve se resserre, plus la foule des vaisseaux devient compacte : les palettes des bateaux à vapeur qui remontent et descendent fouettent l'eau sans pitié et sans relâche ; les fumées qui sortent de leurs colonnes de tôle entrecroisent leurs noirs panaches et vont former au ciel, qui s'en passerait bien, de nouveaux bancs de nuage ; le soleil, s'il y avait un soleil à Londres, en serait obscurci. On entend de tous côtés râler et siffler les poumons des machines, dont les narines de fer laissent jaillir des fusées de vapeur bouillante.

Rien n'est plus pénible à entendre que cette respiration asthmatique et stridente, que ces gémissements de la matière aux abois et poussée à bout, qui semble se plaindre et demander grâce comme un esclave épuisé qu'un maître inhumain surcharge de travail.

Je sais que les industriels se moqueront de moi, mais je ne suis pas loin de partager l'avis de l'empereur de la Chine, qui proscrit les bateaux à vapeur comme une invention obscène, immorale et barbare : je trouve qu'il est impie de tourmenter ainsi la matière du bon Dieu, et je pense que la mère nature se vengera un jour des mauvais traitements que lui font subir ses enfants trop avides.

Outre les *steam-boats*, les vaisseaux à voiles, bricks, goëlettes, frégates, depuis le massif trois-mâts jusqu'au simple bateau de pêcheur, jusqu'à la pirogue, où deux personnes peuvent à peine se tenir assises, se succèdent sans relâche et sans intervalle ; c'est une interminable procession navale, où toutes les nations du monde ont leurs représentants. — Tout cela va, vient, descend, remonte, se croise, s'évite avec une confusion pleine d'ordre, et forme le plus prodigieux spectacle qu'il soit donné à un œil humain de contempler, surtout lorsqu'on a le bonheur rare de le voir, comme moi, vivifié et doré par un rayon de soleil.

Sur les bords du fleuve, déjà plus rapprochés, je commençais à distinguer des arbres, des maisons accroupies sur la rive, un pied dans l'eau et la main étendue pour saisir les marchandises au passage; des chantiers de construction avec leurs immenses hangars et leurs carcasses de navires ébauchés, pareils à des squelettes de cachalots, se dessinaient bizarrement dans le ciel. Une forêt de cheminées colossales, en forme de tours, de colonnes, de pylônes, d'obélisques, donnait à l'horizon un air égyptien, un vague profil de Thèbes, de Babylone, de ville antédiluvienne, de capitale des énormités et des rébellions de l'orgueil, tout à fait extraordinaires. — L'industrie, à cette échelle gigantesque, atteint presque la poésie, poésie où la nature n'est pour rien, et qui résulte de l'immense développement de la volonté humaine.

Lorsqu'on a dépassé Gravesend, limite inférieure du port de Londres, les magasins, les usines, les chantiers se resserrent, se rapprochent, s'entassent avec une irrégularité toute pittoresque ; à gauche s'arrondissent les deux coupoles de l'hôpital royal de la marine, Greenwich, dont la colonnade entr'ouverte laisse apercevoir un fond de parc à grands arbres d'un effet charmant; assis sur les bancs des péristyles, les invalides voient partir et rentrer les vaisseaux, sujets de leurs souvenirs et de leurs conversations, et l'âcre odeur de la mer vient encore réjouir leurs narines. Sir Christophe Wren est l'architecte de ce bel édifice. Des bateaux à vapeur-omnibus partent à chaque quart d'heure de Greenwich pour Londres et réciproquement. — Greenwich se trouve en face de l'île ou, pour mieux dire, de la presqu'île des Chiens, où la Tamise revient sur elle-même et fait un détour dont on a profité habilement. C'est là que sont creusés les docks de la compagnie des Indes Occidentales. Les docks des Indes Orientales, beaucoup moins considérables et moins fréquentés, se trouvent sur la droite, un peu avant et dans le fond de la courbure que décrit le fleuve.

Les docks des Indes Occidentales sont quelque chose d'énorme, de gigantesque, de fabuleux, qui dépasse la proportion humaine. C'est une œuvre de cyclopes et de titans. Au-dessus des maisons, des magasins, des rampes, des escaliers et de toutes les constructions hybrides qui obstruent les abords du fleuve, vous découvrez une prodigieuse allée de mâts de vaisseaux qui se prolonge à l'infini, un inextricable fouillis d'agrès, d'esparres, de cordages, à faire honte, pour la densité de l'enlacement, aux lianes les plus chevelues d'une forêt vierge d'Amérique; c'est là que l'on construit, que l'on radoube, que l'on remise cette innombrable armée de navires qui vont chercher les richesses du monde, pour les verser ensuite dans ce gouffre sans fond de misère et de luxe que l'on nomme Londres. Les docks de la compagnie des Indes Occidentales peuvent contenir trois cents vaisseaux. Un canal, tracé parallèlement aux docks, qui coupe la presqu'île des Chiens, et qu'on appelle le canal de la Cité, raccourcit de trois ou quatre milles le chemin que l'on est obligé de faire pour doubler la pointe.

Les docks du Commerce, sur la rive opposée, les docks de Londres, ceux de Sainte-Catherine, avant d'arriver à la Tour, ne sont pas moins surprenants. Au bassin du Commerce se trouvent les plus énormes caves qui existent au monde : c'est là que sont entreposés les vins d'Espagne et de Portugal. Tout cela sans compter les bassins et les docks particuliers. A chaque instant, au milieu d'un groupe de maisons, vous voyez se prélasser un vaisseau. Les vergues éborgnent les croisées, les antennes pénètrent dans les chambres, et les guibres semblent battre en brèche les portes des magasins, comme des béliers antiques. Les maisons et les vaisseaux vivent dans l'intimité la plus touchante et la plus cordiale; à l'heure de la marée, les cours deviennent des bassins et reçoivent des barques. Des escaliers, des rampes, des cales de pierre, de granit, de briques, montent et descendent de la rivière aux maisons. Londres à les bras plongés jusqu'aux coudes dans son fleuve ; un quai régulier gênerait la familiarité du fleuve et de la ville. Le pittoresque y gagne, car rien n'est plus horrible à voir que ces éternelles lignes droites prolongées en dépit de tout, dont s'est engouée si bêtement la civilisation moderne.

L'Angleterre n'est qu'un chantier ; Londres n'est qu'un port. La mer est la patrie naturelle des Anglais ; ils s'y plaisent tellement, que bien des grands seigneurs passent leur vie à faire les voyages les plus périlleux dans de petits bâtiments équipés et gouvernés par eux. — Le club des yachts n'a pas d'autre but que d'encourager et de favoriser ce penchant.— La terre leur déplaît tellement, qu'ils ont un hôpital installé au milieu de la Tamise, dans un gros vaisseau rasé, qui sert aux marins qui se trouvent malades dans le port de Londres. L'avis de Tom Coffin, dans le roman du *Pilote*, de Cooper, à savoir que la terre n'est bonne que pour se ravitailler et prendre de l'eau fraîche, ne doit pas paraître une exagération en Angleterre.

La façade de toutes ces maisons est tournée vers le fleuve, car la Tamise est la grande rue de Londres, la veine artérielle d'où partent les rameaux qui vont porter la vie et la circulation dans le corps de la ville. Aussi quel luxe d'écriteaux et d'enseignes! Des lettres de toutes couleurs et de toutes dimensions chamarrent les édifices de haut en bas : les majuscules ont souvent la hauteur d'un étage. Il s'agit d'aller chercher la vue d'un côté à l'autre d'une nappe d'eau qui est sept ou huit fois large comme la Seine. Votre œil s'arrête sur l'acrotère d'une maison bizarrement découpée à jour; vous cherchez à quel ordre d'architecture appartient ce genre d'ornement. En vous approchant, vous découvrez que ce sont des lettres de cuivre doré, indiquant un magasin quelconque, et qui servent à la fois d'enseigne et de balustrade. En fait de charlatanisme d'affiche, les Anglais sont sans rivaux, et nous engageons nos industriels à faire un petit tour à Londres pour se convaincre qu'ils ne sont que des enfants auprès de cela. Ces maisons, ainsi bariolées, placardées, zébrées d'inscriptions et de pancartes, vues du milieu de la Tamise, présentent l'aspect le plus bizarre.

Je ne fus pas peu surpris d'apercevoir intacte, du moins à l'extérieur, la Tour, que je croyais, d'après les descriptions des journaux, brûlée et réduite en cendre. La Tour n'a rien perdu de son antique physionomie; elle est encore là, avec ses hautes murailles, son attitude sinistre et son arcade basse (la porte des Traîtres), sous laquelle un bateau noir, plus sinistre que la barque des ondes, apportait les coupables et venait reprendre les condamnés à mort. La Tour n'est pas, comme son nom semblerait l'indiquer, un donjon, un beffroi solitaire; c'est une bastille en règle, un pâté de tours reliées entre elles par des murailles, une forteresse entourée de fossés, alimentée par la Tamise, avec des canons, des ponts-levis; une forteresse du moyen âge, aussi sérieuse pour le moins que notre Vincennes, où se trouvent une chapelle, une messagerie, un trésor, un arsenal, et mille autres curiosités.—

Si je tenais à allonger cette lettre outre mesure, mon cher Fritz, je pourrais te donner là-dessus une infinité de détails que tu sais mieux que moi, et que tout le monde peut apprendre en ouvrant le premier livre venu.

Je pourrais m'attendrir sur le triste sort des enfants d'Édouard, de Jane Grey, de Marie Stuart, et surtout de la pauvre Anne de Bolein, que j'ai toujours beaucoup aimée à cause du joli réseau de veines bleues qui s'entrelacent sous la blonde transparence de ses tempes, dans le délicieux portrait caressé avec tant de patience et d'amour par le précieux Hans Holbein. Il m'eût été facile de déployer une science que je n'ai point, et de remplir une page ou deux de noms propres et de dates, mais je laisse cette besogne à de plus érudits et de plus patients que moi.

Nous approchions du terme du voyage; encore quelques tours de roue, et le bateau à vapeur allait toucher à la cale du Custom-House (la douane), où nos malles ne devaient être visitées que le lendemain, car le dimanche est célébré à Londres aussi scrupuleusement que le sabbat des juifs à Jérusalem.

Jamais je n'oublierai le magnifique spectacle qui s'offrit à mes yeux : les arches gigantesques du pont de Londres traversaient la rivière de leurs cinq enjambées colossales, et se détachaient en sombre sur un fond de soleil couchant. Le disque de l'astre, enflammé comme un bouclier rougi dans la fournaise, descendait précisément derrière l'arche du milieu, qui traçait sur son orbe un segment noir d'une hardiesse et d'une vigueur incomparables.

Une longue traînée de feu scintillait en tremblant sur le clapotis des vagues; des fumées et des brumes violettes baignaient l'espace jusqu'au pont de Southwark, dont on apercevait les arches vaguement ébauchées. A droite, un peu dans l'éloignement, on voyait briller les flammes de bronze doré qui surmontent la colonne gigantesque élevée en mémoire de l'incendie de 1666; à gauche jaillissait au-dessus des toits le clocher de Saint-Olave; des cheminées monumentales, qu'on pourrait prendre pour des colonnes votives si les chapiteaux ioniens ou doriens étaient dans l'usage de vomir de la fumée, brisaient heureusement les lignes de l'horizon, et par leurs tons vigoureux faisaient encore ressortir les tons orange et citron-clair du ciel.

En se retournant, l'on avait derrière soi une vraie ville navale, avec des quartiers et des rues de vaisseaux, car c'est à ce pont, le premier de Londres, que s'arrêtent les navires : jusque là les deux rives de la ville ne communiquent que par des bateaux. Le tunnel, qui se trouve entre Rotherhithe et Wapping, remédiera à cet inconvénient lorsqu'il sera achevé, c'est-à-dire dans deux ou trois mois. La difficulté consistait à pouvoir combiner des rampes de façon à faire descendre les voitures jusqu'à cette profondeur. Elle a été vaincue au moyen de chemins circulaires dont l'inclinaison n'est que de quatre pieds sur cent : ne pouvant faire un pont sous lequel les vaisseaux passeraient, on a pris le parti de faire passer le pont sous les vaisseaux et sous la rivière. Cette idée audacieuse est sortie de la tête d'un Français M. Brunel. Les deux galeries qui forment le tunnel sont entièrement rondes, cette forme étant celle qui présente le plus de résistance. La portion inférieure du cercle a été comblée pour établir un plan horizontal sur lequel pussent rouler les voitures. Les parois des murs latéraux sont concaves. Celui du milieu est percé de petites arcades qui permettent au piéton d'aller d'une galerie dans l'autre. La longueur du tunnel est de treize cents pieds. Le lit du fleuve au-dessus de la voûte a quinze pieds d'épaisseur.

L'on débarqua.

Ne sachant pas un mot d'anglais, je ne laissais pas que d'être inquiet sur la manière dont j'allais m'y prendre pour trouver la personne à laquelle j'étais adressé. J'avais écrit fort correctement sur une carte le nom de la rue et le numéro de la maison ; je montrai le tout à un cocher qui heureusement savait lire, et partit pour l'endroit indiqué avec la rapidité de l'éclair. Les plaisanteries, fort bonnes à Paris, sur la lenteur des chevaux de fiacre et de cabriolet, seraient fort mauvaises à Londres, où les voitures de place vont aussi vite qu'ici les équipages les mieux attelés. La voiture dans laquelle j'étais assis, et qui répond à peu près à nos citadines, avait la forme la plus à la mode maintenant à Paris : des roues très-basses, une portière droite et carrée comme un battant d'armoire, toute la physionomie d'une chaise à porteurs montée sur roulettes. Ce genre de voitures, qui est le suprême de l'élégance chez nous, n'est affecté à Londres qu'aux voitures de place. L'intérieur en est garni tout simplement de toile cirée. Le cocher donne un sol au pauvre diable qui ouvre la portière, ce qui n'a pas lieu en France, où c'est le voyageur qui paye le valet de place. La course se calcule sur le pied d'un schelling par mille, et se rétribue selon la longueur. Pour en finir avec les voitures de place, ce que j'ai vu de plus singulier ce sont des cabriolets très-bas, où le conducteur n'est pas placé à côté de vous, comme dans nos cabriolets de régie, ni par devant, comme dans nos cabriolets à quatre roues, mais bien par derrière, à l'endroit où sont assis ordinairement les domestiques : les guides passent sur la capote, et le cocher conduit par-dessus votre tête. Ces petits détails paraîtront sans doute fort mesquins aux amateurs de dissertations esthétiques, aux admirateurs jurés de monuments, aux commissaires-priseurs d'antiquités; mais c'est tout cela qui constitue la différence d'un peuple à un autre, qui fait qu'on est à Londres et non pas à Paris.

Pendant que la voiture parcourait avec vélocité les rues qui séparent la douane de High Holborn, je regardais par la vitre, et j'étais dans un profond étonnement de la solitude et du silence profond qui régnaient dans les quartiers où je passais.—On eût dit une ville morte, une de ces cités peuplées d'habitants pétrifiés dont parlent les contes orientaux. Toutes les boutiques étaient fermées, aucun visage humain ne paraissait aux carreaux des fenêtres. A peine quelque rare passant qui filait comme une ombre en longeant les murs. Cet aspect morne et désert contrastait si fort avec l'idée d'animation et de bruit que je m'étais faite de Londres, que je ne revenais pas de ma surprise ; enfin je me souvins que c'était dimanche, — et l'on m'avait vanté les dimanches de Londres comme l'idéal de l'ennui.—Ce jour-là, qui est chez nous, du moins pour le peuple, un jour de joie, de promenade, de toilette, de festins et de danse, de l'autre côté de la Manche se passe dans une tristesse inconcevable. Les tavernes ferment la veille à minuit, les théâtres ne jouent pas, les boutiques sont closes hermétiquement, et, pour qui n'aurait pas fait ses provisions la veille, il serait très-difficile de trouver à manger ; la vie semble être suspendue. Les rouages de Londres cessent de fonctionner, comme ceux d'une pendule lorsqu'on met le doigt sur le balancier. De peur de profaner la solennité dominicale, Londres n'ose plus faire un mouvement, c'est tout au plus s'il se permet de respirer. Ce jour-là, après avoir entendu le prêche du pasteur de la secte à laquelle il appartient, tout bon Anglais se claquemure dans sa maison pour méditer la Bible, offrir son ennui à Dieu, et jouir devant un grand feu de charbon de terre du bonheur d'être chez lui et de n'être ni Français ni papiste, source de voluptés inépuisables. A minuit, le charme est rompu ; la circulation, figée un instant, reprend son niveau, les maisons se rouvrent, la vie revient à ce grand corps tombé en léthargie, le Lazare dominical ressuscite à la voix de cuivre du lundi et se remet en marche.

Le lendemain, d'assez bonne heure, je me lançai à travers la ville, tout seul, comme c'est ma coutume en pays étranger, ne haïssant rien comme d'avoir un guide qui me fait voir tout ce dont je ne me soucie pas et me fait passer à côté de ce qui m'intéresse. — Nous professons tous les deux, mon cher Fritz, les mêmes théories sur les voyages; nous évitons les monuments avec soin, et en général tout ce qu'on appelle *les beautés* d'une ville. Les monuments sont ordinairement composés de colonnes, de frontons, d'attiques et autres architectures que les gravures et les dessins représentent avec beaucoup de fidélité. Je puis dire que je connais tous les monuments de l'Europe comme si je les avais vus, et même beaucoup mieux. Je sais par cœur les églises et les palais de Venise, où je n'ai jamais mis les pieds, et même j'ai écrit une description de cette dernière ville tellement exacte, qu'on ne veut pas croire que je n'y ai pas été. Les *beautés* d'une ville consistent dans des rues ou des places trop larges bordées de maisons neuves et régulières : c'est toujours ce que l'on m'a fait voir en pareille occasion.

Ce qui me frappa d'abord, c'est l'immense largeur des rues côtoyées de trottoirs où vingt personnes peuvent marcher de front. Le peu d'élévation des maisons rend encore cette largeur plus sensible. La rue de la Paix de Paris ne serait là-bas qu'une rue assez étroite; le pavé de bois, dont on a fait chez nous un essai de quelques toises, est généralement adopté à Londres, où il résiste parfaitement à une circulation de voitures trois fois plus nombreuse et plus active que celle de Paris. Les roues tournent sur ce parquet de sapin, muettes et sourdes, comme sur un tapis, et épargnent aux habitants des rues fréquentées le tapage assourdissant que font les voitures sur des pavés de grès. Mais il est vrai de dire qu'à Londres le développement des trottoirs permet aux piétons d'abandonner la chaussée aux chevaux et aux véhicules, ce qui prévient les accidents nombreux que ne manquerait pas de causer l'absence de bruit. Les rues qui ne sont pas parquetées en bois sont macadamisées.

Me voilà donc prenant au hasard les rues qui se présentaient devant moi, et marchant d'un pas délibéré comme un homme sûr de son chemin. Les boutiques s'ouvraient à peine. Paris se lève plus tôt que Londres : ce n'est que vers les dix heures que Londres commence à s'éveiller ; il est vrai qu'on s'y couche beaucoup plus tard.

Les servantes en chapeau, car le chapeau ne quitte jamais la tête des femmes, lavaient et frottaient les marches des escaliers.

Puisque les habitants ne sont pas encore levés, occupons-nous des habitations ; décrivons le nid avant l'oiseau. — Les maisons anglaises n'ont pas de portes cochères ; presque toutes sont privées de cour : un fossé recouvert de barreaux ou garni de grilles les sépare du trottoir. C'est au fond de cette tranchée que sont placées les cuisines, l'office et les dépendances. Le charbon de terre, le pain, la viande, que l'on porte sur des espèces de planches creusées, enfin toutes les provisions de bouche se descendent par là sans causer aucun dérangement aux maîtres ; les écuries sont habituellement placées dans d'autres bâtiments, quelquefois assez éloignés ; la brique est la base ordinaire des constructions. Les briques anglaises sont assez souvent d'une couleur d'ocre d'un ton jaunâtre et faux qui ne vaut pas à mon avis les tons rouges et chauds des nôtres. Les maisons construites avec des briques de cette couleur ont une physionomie malade et malsaine désagréable à l'œil. Les étages ne dépassent guère le nombre de trois, et ne comportent que deux ou trois fenêtres de front, car une maison n'est ordinairement habitée que par une seule famille. Les fenêtres affectent cette forme connue chez nous sous le nom de châssis à guillotine. Un perron de pierres blanches, jeté comme un pont-levis sur le fossé où se trouvent les offices, relie la maison à la rue, et la porte, peinte en chêne, est souvent ornée d'un écusson de cuivre où sont écrits les noms et qualités des propriétaires; tels sont les traits caractéristiques d'une vraie maison anglaise.

Une chose qui donne à Londres un aspect tout particulier, outre la largeur de ses rues et de ses trottoirs, et le peu de hauteur des maisons, c'est la couleur noire uniforme qui revêt tous les objets. — Rien n'est plus triste et plus lugubre; ce noir n'a rien des teintes rembrunies et vigoureuses que le temps donne aux vieux édifices dans les contrées moins septentrionales : c'est une poussière impalpable et subtile qui s'attache à tout, qui pénètre partout et dont on ne peut se défendre. On dirait que tous les monuments sont saupoudrés de mine de plomb. L'immense quantité de charbon de terre que l'on consomme à Londres pour le chauffage des usines et des maisons est une des principales causes de ce deuil général des édifices, dont les plus anciens ont littéralement l'air d'avoir été peints avec du cirage. Cet effet est particulièrement sensible sur les statues. Celles du duc de Bedford, du duc d'York au bout de sa colonne, de George III sur son cheval, ressemblent à des nègres ou à des ramoneurs, tellement elles sont encrassées et défigurées par cette funèbre poussière de charbon quintessencié qui tombe du ciel de Londres. — La prison de Newgate, avec ses bossages et ses pierres vermiculées, la vieille église de Saint-Sauveur, et quelques chapelles gothiques dont les noms ne me reviennent pas, semblent avoir été bâties en granit noir plutôt qu'assombries par les années. — Je n'ai vu nulle part cette teinte opaque et morne qui prête aux édifices, demi-voilés par la brume, l'apparence de grands catafalques, et suffirait pour expliquer le spleen traditionnel des Anglais. En regardant ces murailles teintes par la suie du charbon, je songeais à l'Alcazar et à la cathédrale de Tolède, que le soleil a revêtus d'une robe de pourpre et de safran.

Le dôme de Saint-Paul, lourde contrefaçon de Saint-Pierre de Rome, édifice de la famille du Panthéon et de l'Escurial, avec sa coupole bossue et ses deux clochetons carrés, souffre cruellement de l'influence de l'atmosphère de Londres. Malgré les efforts que l'on fait pour le tenir blanc, il est toujours noir, au moins par un côté; on a beau l'empâter de peinture, l'imperceptible poussière de charbon que tamise le brouillard va plus vite que la brosse du badigeonneur. Saint-Paul est un exemple de plus pour prouver que la forme de la coupole appartient à l'Orient et que le ciel du Nord demande à être déchiqueté par les aiguilles et les angles aigus de l'architecture gothique.

Le ciel de Londres, même lorsqu'il est dégagé de nuages, est d'un bleu laiteux où le blanchâtre domine, son azur est plus pâle sensiblement que celui du ciel de France; les matins et les soirs y sont toujours baignés de brumes, noyés de vapeurs. Londres fume au soleil comme un cheval en sueur ou comme une chaudière en ébullition, ce qui produit dans les espaces libres de ces admirables effets de lumière si bien rendus par les aquarellistes et les graveurs anglais. Souvent, par le plus beau temps, il est difficile d'apercevoir nettement le pont de Southwarck du port de Londres, qui, cependant sont assez rapprochés l'un de l'autre. Cette fumée, répandue partout, estompe les angles trop durs, voile les pauvretés des constructions, agrandit la perspective, donne du mystère et du vague aux objets les plus positifs. Avec elle, une cheminée d'usine, devient aisément un obélisque, un magasin de pauvre architecture prend des airs de terrasse babylonienne, une maussade rangée de colonnes se change en portiques de Palmyre. La sécheresse symétrique de la civilisation et la vulgarité des formes qu'elle emploie s'adoucissent ou disparaissent, grâce à ce voile bienfaisant.

Les marchands de vins, si communs à Paris, sont remplacés à Londres par les distillateurs de gin et autres liqueurs fortes. Les boutiques de gin sont fort élégantes, ornées de cuivres, de dorures, et forment un contraste pénible par leur luxe avec la misère et le délabrement de la classe qui les fréquente. Les portes sont creusées à hauteur d'homme par les mains calleuses qui sans relâche en poussent les battants. Je vis entrer dans une de ces boutiques une vieille pauvresse qui est restée dans ma mémoire comme un souvenir de cauchemar.

J'ai étudié de près la gueuserie espagnole, et j'ai souvent été accosté par les sorcières qui ont posé pour les caprices de Goya. J'ai enjambé le soir les tas de mendiants qui dormaient à Grenade sur les marches du théâtre; j'ai donné l'aumône à des Ribeira et à des Murillo sans cadre, enveloppés dans des guenilles où tout ce qui n'était pas trou était tache; j'ai erré dans les repaires de l'Albaycin, et suivi le chemin de Monte-Sagrado, où les gitanos creusent leurs tanières dans le roc sous les racines des cactus et des figuiers d'Inde; mais je n'ai jamais rien vu de plus morne, de plus triste et de plus navrant que cette vieille entrant dans le *gin-temple*.

Elle avait un chapeau, la malheureuse; mais quel chapeau! Jamais âne savant n'en a porté entre ses oreilles velues un plus lamentable, plus éraillé, plus chiffonné, plus bossué, plus piteusement grotesque. La couleur depuis longtemps n'en était plus appréciable; s'il avait été blanc ou noir, jaune ou violet, c'est ce que je ne saurais vous dire. A la voir ainsi coiffée, on eût dit qu'elle avait sur la tête une écope ou une pelle à charbon. Sur son pauvre vieux corps pendaient confusément des haillons que je ne saurais mieux comparer qu'aux guenilles accrochées au-dessus des noyés au porte-manteau de la Morgue; seulement, ce qui était bien plus triste, le cadavre était debout. Quelle différence de ces lambeaux terribles aux bonnes guenilles espagnoles, rousses, dorées, picaresques, qu'un grand peintre peut reproduire, et qui font l'honneur d'une école et d'une littérature; entre cette misère anglaise, froide, glacée comme la pluie d'hiver, et cette insouciante et poétique misère castillanne, qui, à défaut de manteau, s'enveloppe d'un rayon de soleil, et qui, si le pain lui manque, étend la main et ramasse par terre une orange ou une poignée de ces bons glands doux qui faisaient les délices de Sancho Pança !

Au bout d'une minute, la vieille sortit de la boutique; elle marchait droit comme un soldat suisse ; sa figure terreuse s'était ranimée, une rougeur fiévreuse couvrait ses pommettes. — Un sourire d'une béatitude idiote voltigeait sur ses lèvres ridées en passant près de moi. Elle leva les yeux et me jeta un regard noir, profond, fixe et pourtant sans pensée. — Les morts sans doute regardent ainsi quand un doigt impie relève par curiosité leurs paupières, qui ne doivent plus s'ouvrir que pour contempler Dieu. — Puis ses prunelles se troublèrent et s'éteignirent dans leur orbite comme des charbons qu'on plonge dans l'eau; la force du gin agissait, et elle continua sa route en balançant la tête avec un ricanement stupide. Béni sois-tu, gin, malgré les déclamations des philanthropes et des sociétés de tempérance, pour le quart d'heure de joie et d'assoupissement que tu donnes aux misérables! Contre de tels maux, tout remède est légitime, et le peuple ne s'y trompe pas. Voyez comme il court boire à grands coups l'eau du Léthé sous le nom de gin. Etrange humanité, qui veut que les pauvres aient toujours toute leur raison pour sentir sans relâche l'étendue de leurs malheurs! Anglais, vous feriez bien d'envoyer en Irlande les cargaisons d'opium dont vous voulez empoisonner la Chine.

A quelques pas de là, je vis un spectacle du même genre et non moins triste : un vieillard à cheveux blancs et déjà ivre chantait je ne sais quelle chanson glapissante et ridicule, en faisant des gestes désordonnés; son chapeau avait roulé à terre sans qu'il eût la force de le reprendre, et il s'épaulait de son mieux contre un mur de trois ou quatre pieds de haut surmonté d'une grille de fer.

Ce mur était celui du cimetière d'une paroisse, car à Londres les cimetières sont encore dans la ville ; une église de l'aspect le plus lugubre, enfumée comme le tuyau de cheminée d'une forge, s'élevait au milieu de tombes noires, dont quelques-unes avaient cette vague forme humaine que les bandelettes et les boîtes des momies conservent au corps qu'elles renferment. Ce vieillard ivre, qui chantait à deux pas de ces tombes, faisait le contraste le plus pénible par sa dissonance.

Ces deux échantillons de la misère de Londres n'étaient rien en comparaison de ce que je devais voir plus tard dans Saint-Gilles, le quartier des Irlandais ; mais ils me firent une forte impression, car cette vieille et ce vieillard furent les premiers êtres vivants que je rencontrai. Il est vrai que ceux qui n'ont pas de lit se lèvent de bonne heure.

Cependant les rues commençaient à s'animer ; les ouvriers, leur tablier blanc, retroussé à la ceinture, se rendaient à leur ouvrage ; les garçons bouchers portaient la viande dans les auges de bois ; les voitures filaient avec la rapidité de l'éclair ; les omnibus, éclatants de couleurs et de vernis, chamarrés de lettres d'or indiquant leurs destinations, se succédaient presque sans intervalle, avec leurs voyageurs en *outside*, et leurs conducteurs qui se tiennent debout sur une planchette à côté de la portière ; ces omnibus vont fort vite, car Londres est une ville si vaste, si démesurée, que le besoin de la rapidité s'y fait sentir bien plus vivement qu'à Paris. Cette activité de locomotion contraste bizarrement avec l'air impassible, la physionomie phlegmatique et froide, pour ne pas dire plus, de tous ces marcheurs imperturbables. Les Anglais vont vite comme les morts de la ballade, et pourtant on ne lit dans leurs yeux aucun désir d'arriver. Ils courent et n'ont pas l'air pressé : ils filent toujours droit comme un boulet de canon, ne se retournant pas s'ils sont heurtés, ne s'excusant pas s'ils heurtent quelqu'un ; les femmes elles-mêmes marchent d'un pas accéléré qui ferait honneur à des grenadiers allant à l'assaut, de ce pas géométrique et viril auquel on reconnaît une Anglaise sur le continent et qui excite le rire de la Parisienne *trotte-menu* : les bambins vont vite, même à l'école ; le flâneur est un être inconnu à Londres, quoique le badaud y revive sous le nom de *cokney*.

Londres occupe une énorme surface : les maisons sont peu hautes, les rues très-larges, les squares grands et nombreux ; le parc Saint-James, Hyde-Park et Regent's-Park couvrent d'immenses terrains : il faut donc presser le pas, autrement l'on n'arriverait à sa destination que le lendemain.

La Tamise est à Londres ce que le boulevard est à Paris, la principale ligne de circulation. Seulement, sur la Tamise, les omnibus sont remplacés par de petits bateaux à vapeur étroits, allongés, tirant peu d'eau, dans le genre des *Dorades*, qui allaient du Pont-Royal à Saint-Cloud. Chaque trajet se paye six pence. L'on va ainsi à Greenwich, à Chelsea ; des cales sont établies près des ponts où se prennent et se déposent les passagers. Rien de plus agréable que ces petits voyages de dix minutes ou d'un quart d'heure qui font défiler devant vous, comme un panorama mobile, les rives si pittoresques du fleuve. Vous passez ainsi sous tous les ponts de Londres. Vous pouvez admirer les trois arches de fer du pont de Southwark, d'un jet si hardi, d'une ouverture si vaste; les colonnes ioniennes qui donnent un aspect si élégant au pont de Blackfriars, les piliers doriques d'une tournure si robuste et si solide de Waterloo-Bridge, le plus beau du monde assurément. En descendant de Waterloo-Bridge, vous apercevez, à travers les arches du pont de Blackfriars, la silhouette gigantesque de Saint-Paul, qui s'élève au-dessus d'un océan de toits, entre les aiguilles et les clochers de Sainte-Marie-le-Bone, de Saint-Benoît et de Saint-Mathieu, avec une portion de quai encombrée de bateaux, de barques et de magasins. Du pont de Westminster vous découvrez l'antique abbaye de ce nom élevant dans la brume ses deux énormes tours carrées qui rappellent les tours de Notre-Dame de Paris, et qui portent à chaque angle un clocheton aigu; les trois clochers bizarrement tailladés à jour de Saint-Jean-l'Évangéliste, sans compter les dents de scie formées par les aiguilles des chapelles lointaines, les cheminées de fabriques et les toits de maisons. Le pont du Vauxhall, qui est le dernier qu'on trouve de ce côté, clôt dignement la perspective. Tous ces ponts, qui sont en pierre de Portland ou en granit de Cornouailles, ont été construits par des sociétés particulières, car à Londres le gouvernement ne se mêle de rien, et les dépenses en sont couvertes par un droit de péage. Ce péage, pour les piétons, est perçu d'une façon assez ingénieuse. On passe par un tourniquet qui, à chaque tour, fait avancer d'un cran une roue graduée placée dans le bureau de perception ; de cette manière on sait exactement le nombre de gens qui ont traversé le pont dans la journée, et la fraude est impossible de la part des employés.

Pardonnez-moi si je vous parle toujours de la Tamise, mais le panorama mouvant qu'elle déroule sans cesse est quelque chose de si neuf et de si grandiose, qu'on ne saurait s'en détacher. — Une forêt de trois mâts au milieu d'une capitale est le plus beau spectacle que puisse offrir aux yeux l'industrie de l'homme.

Nous allons, si vous voulez, pour être tout de suite au cœur des beaux quartiers, nous transporter, du pont de Waterloo, par Wellington-Street, dans le Strand, que nous allons remonter dans sa longueur. A partir de la jolie petite église de Sainte-Marie, si singulièrement posée au milieu de la rue, le Strand, qui est d'une énorme largeur, est garni de chaque côté de boutiques somptueuses et magnifiques qui n'ont peut-être pas l'élégance coquette de celles de Paris, mais un air de richesse et d'abondance fastueuses. — Là se trouvent les étalages de marchands d'estampes où l'on peut admirer les chefs-d'œuvre du burin anglais, si souple, si moelleux, si coloré, et par malheur appliqué aux plus mauvais dessins du monde ; car, si le graveur anglais est supérieur comme outil, le graveur français l'emporte de beaucoup sur lui pour la perfection du dessin. —

Le portrait de la reine Victoria rayonne sous toutes les formes possibles à toutes les devantures : tantôt elle est revêtue de ses habits royaux, couronne de diamants et manteau de velours, tantôt en simple jeune femme, une rose dans les cheveux, seule ou accompagnée du prince Albert ; une gravure les montre côte à côte dans le même tilbury, et se souriant de l'air le plus conjugal du monde. Je ne crois pas exagérer en disant que le portrait de la reine Victoria est au moins aussi commun en Angleterre que le portrait de Napoléon en France. Le petit prince est aussi fréquemment portraituré, et chez les marchands de jouets d'enfants il y a des espèces de pêches de cire qu'on appelle fruits de Windsor, et qui en s'ouvrant laissent voir couché dans ses langes un marmot abondamment fardé de laque, qui a la prétention assez mal fondée de représenter le prince de Galles. — Il faut dire aussi que si les portraits adonisés, flattés, embellis, caressés amoureusement par un burin courtisan, sont en majorité, il ne manque pas non plus de grossières pochades crayonnées avec la verve humoristique des caricatures anglaises, qui traitent *her majesty* aussi cavalièrement que possible. — A propos de marchands de jouets d'enfants, je fis la remarque que les joujoux anglais étaient bien autrement sérieux que les nôtres. Peu de tambours, peu de trompettes, disette de polichinelles et de soldats, mais force bateaux à vapeur, force vaisseaux à voiles, force chemins de fer avec leur locomotive et leurs wagons en miniature; les verres des lanternes magiques, au lieu de représenter les infortunes burlesques de Jocrisse ou tout autre sujet analogue, offrent un cours d'astronomie, un système planétaire complet. Il y a aussi des jeux d'architecture avec lesquels on peut bâtir toutes sortes d'édifices au moyen de pièces détachées, et mille autres amusements géométriques et physiques qui réjouiraient fort peu les bambins de Paris. Puisque je suis à parler de boutiques, je vais te raconter ici, mon cher Fritz, une petite drôlerie industrielle que nos charlatans de Paris regretteront bien de ne pas avoir trouvée.—Il s'agit de *makintosh*, de *water-proof* imperméables. Pour démontrer victorieusement l'imperméabilité de ses étoffes, le marchand a eu l'idée triomphante de faire clouer sur un châssis le pan d'un *water-proof* de manière à former une espèce de creux ; dans ce creux il a versé à peu près la contenance d'une cuvette d'eau où nagent et frétillent une douzaine de poissons rouges. Faire un vivier d'un paletot et donner aux amateurs la facilité de pêcher à la ligne dans le pan de leur redingote, n'est-ce pas l'idéal de l'annonce, le sublime du charlatanisme ?

En marchant du côté de Charing-Cross, vous trouvez, au coin de la place Trafalgar, la façade de l'hôtel du duc de Northumberland, reconnaissable à un grand lion dont la queue relevée en l'air et toute droite produit un effet sculptural assez médiocre, quoique nouveau ; c'est le lion des Percy, et jamais lion héraldique n'a plus abusé du droit qu'il avait d'affecter des formes fabuleuses.—On vante beaucoup l'escalier de marbre qui conduit aux appartements et la collection de tableaux, qui se compose, comme toutes les collections possibles, de Raphaël, de Titien, de Paul Véronèse, de Rubens, d'Albert Durer, de Van-Dyck, sans compter les vieux Franck, les Fatti, les Tempesta, les Salvator Rosa, etc. Je ne veux pas suspecter ici la galerie du duc de Northumberland, que je n'ai pas vue, mais je crois qu'il n'y a pas beaucoup de certitude à fonder sur les tableaux anciens qui se trouvent en Angleterre. — Bien qu'ils aient été, pour la plupart, payés des sommes folles, ils n'en sont pas moins en général de simples copies. La quantité de Murillo que j'ai vu fabriquer à Séville pour le compte des Anglais me met en garde sur leurs Raphaël : les Van-Dyck et les Holbein sont beaucoup plus authentiques; ce sont des portraits de grands seigneurs, de grandes dames ou de hauts personnages peints dans le pays, qui ne sont pas sortis de la famille, et dont la filiation est parfaitement connue. Ceci soit dit sans affliger personne ; que ceux qui s'imaginent posséder un Raphaël ou un Titien, et qui en réalité n'ont autre chose que sept ou huit couches de vernis dans un riche cadre, n'en soient pas moins heureux pour cela. Il n'y a que la foi qui sauve.

Au milieu de la place de Trafalgar, l'on est en train d'élever un monument à la mémoire de Nelson. En attendant, sur l'enceinte de planches qui entoure l'espace qu'occuperont les constructions, se prélassent des placards gigantesques, des affiches monstres avec des lettres de six pieds de haut des formes les plus bizarres; c'est là que se placardent les phénomènes, les exhibitions extraordinaires et les représentations théâtrales.

Les Anglais abusent, en vérité, de Waterloo et de Trafalgar. Je sais bien que nous ne sommes pas non plus exempts de cette manie d'affubler nos rues et nos ponts du nom de nos victoires, mais au moins notre répertoire est un peu plus varié.

Regent-Street, qui a des arcades comme la rue de Rivoli, Piccadilly, Pall-Mall, Hay-Market, l'Opéra italien, qu'on ne saurait mieux comparer qu'à l'Odéon de Paris, Carlton-Palace et Saint-James's-Park, le palais de la reine avec son arc de triomphe imité de celui du Carrousel, font de cette portion de la ville une des plus brillantes de Londres.

L'architecture des maisons, ou plutôt des palais qui forment ce quartier, habité par les classes riches, est tout à fait grandiose et monumentale, quoique d'une composition hybride et souvent équivoque. Jamais l'on n'a vu tant de colonnes et tant de frontons, même dans une ville antique. Les Romains et les Grecs n'étaient pas si Romains et si Grecs assurément que les sujets de sa majesté britannique. Vous marchez entre deux rangs de Parthénons ; c'est flatteur. Vous ne voyez que temples de Vesta et de Jupiter-Stator, et l'illusion serait complète si dans les entre-colonnements vous ne lisiez des inscriptions du genre de celles-ci : — *Compagnie du gaz.* — *Assurances sur la vie.* — L'ordre ionique est bien vu, le dorique encore mieux ; mais la colonne pestumnienne jouit d'une vogue prodigieuse ; on en a mis partout, comme la muscade dont parle Boileau. Ces colonnades et ces frontons ne manquent pas, au premier coup d'œil, d'un certain aspect splendide; mais toutes ces magnificences sont pour la plupart en mastic ou en ciment romain, car la pierre est fort rare à Londres. — C'est surtout dans les églises de construction nouvelle que le génie architectural anglais a déployé le cosmopolitisme le plus bizarre et fait la plus étrange confusion de genres. Devant un pylône égyptien se déploie un ordre grec entremêlé de pleins cintres romains, le tout surmonté d'une flèche gothique. Cela ferait hausser les épaules de pitié au moindre paysan italien. A très peu d'exceptions, tous les monuments modernes sont de ce style.

Les Anglais sont riches, actifs, industrieux; ils peuvent forger le fer, dompter la vapeur, tordre la matière en tout sens, inventer des machines d'une puissance effrayante; ils peuvent être de grands poëtes; mais l'art, à proprement parler, leur fera toujours défaut, la forme en elle-même leur échappe. Ils le sentent et s'en irritent, leur orgueil national en est blessé; ils comprennent qu'au fond, malgré leur prodigieuse civilisation matérielle, ils ne sont que des barbares vernis. Lord Elgin, si violemment anathématisé par lord Byron, a commis un sacrilége inutile. Les bas-reliefs du Parthénon apportés à Londres n'y inspireront personne. Le don de la plastique est refusé aux races du Nord; le soleil, qui met les objets en relief, assure les contours et rend à chaque chose sa véritable forme, éclaire ces pâles contrées d'un rayon trop oblique que ne peut suppléer la clarté plombée du gaz. Et puis les Anglais ne sont pas catholiques. — Le protestantisme est une religion aussi funeste aux arts que l'islamisme, et peut-être davantage. — Des artistes ne peuvent être que païens ou catholiques. Dans un pays où les temples ne sont que de grandes chambres carrées, sans tableaux, sans statues, sans ornements, où des messieurs coiffés de perruques à trois rouleaux vous parlent sérieusement, et avec force allusions bibliques, des idoles papistes et de la grande prostituée de Babylone, l'art ne peut jamais atteindre à une grande hauteur ; car le plus noble but du statuaire et du peintre est de fixer dans le marbre et sur la toile les symboles divins de la religion en usage à son époque et dans son pays. Phidias sculpte la Vénus, Raphaël peint la Madone, mais ni l'un ni l'autre n'était anglican. Londres pourra devenir Rome, mais elle ne sera jamais Athènes, à coup sûr. Cette dernière place semble réservée à Paris. Là-bas, l'or, la puissance, le développement matériel au plus haut degré ; une exagération gigantesque de tout ce qui peut se faire avec de l'argent, de la patience et de la volonté ; l'utile, le comfortable ; mais l'agréable et le beau, non. — Ici, l'intelligence, la grâce, la flexibilité, la finesse, la compréhension facile de l'harmonie et de la beauté, les qualités grecques, en un mot. Les Anglais excelleront en tout ce qu'il est possible de faire, et surtout dans ce qui est impossible. Ils établiront une société biblique à Pékin, ils arriveront à Tombouctou en gants blancs et en bottes vernies, dans un état de *respectability* complet ; ils inventeront des machines qui produiront six cent mille paires de bas à la minute, et même ils découvriront de nouvelles contrées pour écouler leurs paires de bas ; mais ils ne pourront jamais faire un chapeau qu'une grisette française voulût mettre sur sa tête. — Si le goût pouvait s'acheter, ils le payeraient bien cher. Heureusement, Dieu s'est réservé la distribution de deux ou trois petites choses sur lesquelles ne peut rien l'or des puissants de la terre : le génie, la beauté et le bonheur.

Cependant, malgré ces critiques de détail, l'aspect général de Londres a quelque chose qui étonne et cause une espèce de stupeur. C'est bien réellement là une capitale dans le sens de la civilisation. Tout est grand, splendide, disposé selon le dernier perfectionnement. Les rues sont trop larges, trop vastes, trop éclairées. Le soin des facilités matérielles est porté au degré le plus extrême. Paris, sous ce rapport, est en arrière de cent ans pour le moins, et jusqu'à un certain point sa construction s'oppose à ce qu'il puisse jamais égaler Londres. Les maisons anglaises sont bâties très-légèrement, car le terrain sur lequel on les construit n'appartient pas à celui qui les fait élever. Tout le terrain de la ville est possédé, comme au moyen âge, par un fort petit nombre de grands seigneurs ou de millionnaires qui permettent d'y bâtir moyennant une redevance. Cette permission s'achète pour un certain temps, et l'on s'arrange de manière à ce que la maison ne dure pas plus que le bail. Cette raison, jointe à la fragilité des matériaux employés, fait que Londres se renouvelle tous les trente ans, et permet, comme on dit, de suivre les progrès de la civilisation. Ajoutez à cela que le grand incendie de 1666 a fait place nette, ce que je regrette fort pour ma part, moi qui ne suis pas très-engoué du génie architectural moderne, et qui aime mieux le pittoresque que le comfortable.

L'esprit anglais est méthodique de sa nature; dans les rues, chacun prend naturellement la droite, et il se forme des courants réguliers de

gens qui montent et d'autres qui descendent.
— Une poignée de soldats suffit à Londres, et encore ne s'occupent-ils pas de police.—Je ne me rappelle pas avoir vu un seul corps-de-garde : les policemen, un chapeau numéroté sur la tête, un bracelet à la manche pour montrer qu'ils sont en fonctions, se promènent d'un air tranquille et philosophique, sans autres armes qu'un petit bâton long de deux pieds à peine, et traversent ainsi les quartiers les plus populeux. En cas d'alerte, ils s'appellent entre eux au moyen d'une crecelle de bois. Cette circulation immense, ce mouvement effrayant qui donne le vertige, est pour ainsi dire livré à lui-même, et, grâce au bon sens de la foule, il n'arrive aucun accident.

La population a l'apparence plus misérable que celle de Paris. Chez nous, les ouvriers, les gens des basses classes, ont des habits faits pour eux, grossiers il est vrai, mais d'une forme particulière, et qu'on voit bien leur avoir toujours appartenu. Si leur veste est déchirée aujourd'hui, on comprend qu'ils l'ont portée neuve autrefois. Les grisettes et les ouvrières sont fraîches et propres, malgré la simplicité de leur mise ; à Londres, ce n'est pas cela : tout le monde porte un habit noir à queue de morue, un pantalon à sous-pieds et un *qui capit ille facit*, même le misérable qui ouvre la portière des voitures de place.

Les femmes ont toutes un chapeau et une robe de *dame*, de sorte qu'au premier coup d'œil on croit voir des gens d'une classe supérieure tombés dans la détresse, soit par inconduite, soit par revers de fortune. Cela vient de ce que le peuple de Londres s'habille à la friperie ; et de dégradation en dégradation, l'habit du gentleman finit par figurer sur le dos du récureur d'égout, et le chapeau de satin de la duchesse sur la nuque d'une ignoble servante ; même dans Saint-Gilles, dans ce triste quartier des Irlandais, qui surpasse en pauvreté tout ce qu'on peut imaginer d'horrible et de sale, on voit des chapeaux et des habits noirs, portés le plus souvent sans chemise, et boutonnés sur la peau qui apparaît à travers les déchirures : — Saint-Gilles est pourtant à deux pas d'Oxford-street et de Piccadilly. Ce contraste n'est ménagé par aucune nuance. Vous passez sans transition de la plus flamboyante opulence à la plus infime misère. Les voitures ne pénètrent pas dans ces ruelles défoncées, pleines de mares d'eau où grouillent des enfants déguenillés, où de grandes filles à la chevelure éparse, pieds nus, jambes nues, un mauvais haillon à peine croisé sur la poitrine, vous regardent d'un air hagard et farouche. Quelle souffrance, quelle famine se lit sur ces figures maigres, hâves, terreuses, martelées, vergetées par le froid ! Il y a là des pauvres diables qui ont toujours eu faim à partir du jour où ils ont été sevrés; tout cela vit de pommes de terre cuites à la vapeur, et ne mange du pain que bien rarement. A force de privations, le sang de ces malheureux s'appauvrit, et de rouge devient jaune, comme l'ont constaté les rapports des médecins.

Il y a dans Saint-Gilles, sur les maisons des logeurs, des inscriptions ainsi conçues : *Cave garnie à louer pour un gentleman célibataire.* Cela doit vous donner une idée suffisante de l'endroit. J'ai eu la curiosité d'entrer dans une de ces caves, et je t'assure, mon cher Fritz, que je n'ai jamais rien vu de si *dégarni.* Il paraît invraisemblable que des êtres humains puissent vivre dans de pareilles tanières ; il est vrai qu'ils y meurent, et par milliers.

C'est là le revers de la médaille de toute civilisation ; les fortunes monstrueuses s'expliquent par des misères effroyables : pour que quelques-uns dévorent tant, il faut que beaucoup jeûnent ; plus le palais est élevé, plus la carrière est profonde, et nulle part cette disproportion n'est plus sensible qu'en Angleterre.
— Être pauvre à Londres me paraît une des tortures oubliées par Dante dans sa spirale de douleurs. Avoir de l'or est si visiblement le seul mérite reconnu, que les Anglais pauvres se méprisent eux-mêmes, et acceptent humblement l'arrogance et les dédains des classes aisées ou riches. Les Anglais, qui parlent tant des idoles des papistes, devraient bien ne pas

oublier que le veau d'or est l'idole la plus infâme et qui exige le plus de sacrifices.

Les squares, qui sont en grand nombre, corrigent heureusement la fétidité de ces cloaques. — La place Royale de Paris est ce qui peut donner la plus juste idée d'un square anglais ; — un square est une place bordée de maisons d'architecture uniforme, dont le milieu est occupé par un jardin planté de grands arbres, entouré de grilles, et dont le gazon d'un vert d'émeraude repose doucement les yeux attristés par les teintes sombres du ciel et des édifices. — Les squares communiquent souvent les uns avec les autres, et occupent des espaces immenses. — L'on vient d'en bâtir de magnifiques du côté de Hyde-Park, pour être habités par la noblesse ; aucune boutique, aucun magasin ne troublent la quiétude aristocratique de ces élégantes thébaïdes. — Il serait bien à désirer que l'usage des squares se propageât à Paris, où les maisons tendent à se rapprocher de plus en plus, et d'où la végétation et la verdure finiront par disparaître complètement.

— Rien n'est plus charmant que ces vastes enceintes, tranquilles, vertes et fraîches; — il est vrai de dire que jamais je n'ai vu personne se promener dans ces jardins si attrayants, dont les locataires ont chacun une clef : il leur suffit d'empêcher les autres d'y entrer.

Les squares et les parks sont un des grands charmes de Londres. Saint-James's-Park, tout près de Pall-Mall, est une délicieuse promenade. On y descend par un escalier énorme, digne de Babylone, qui se trouve au pied de la colonne du duc d'York. L'allée qui longe la terrasse égyptienne de Carlton-Palace est fort large et fort belle. Mais ce qui m'en plaît surtout, c'est la grande pièce d'eau peuplée de hérons, de canards et d'oiseaux aquatiques. Les Anglais excellent dans l'art de donner aux jardins factices un air romantique et naturel. Westminster, dont les tours s'élèvent par-dessus les touffes d'arbres, termine admirablement la vue du côté de la rivière.

Hyde-Park, où vont parader les voitures et les chevaux de la fashion, par l'étendue de ses eaux et de ses boulingrins, a quelque chose de tout à fait rural et champêtre. Ce n'est pas un jardin, c'est un paysage. La statue votée par les dames de Londres à lord Wellington se trouve dans Hyde-Park. — Le noble duc est idéalisé et divinisé sous la forme d'Achille. — Je ne crois pas qu'il soit possible de pousser le grotesque et le ridicule plus loin ; mettre sur le torse robuste du vaillant fils de Pélée et le col musculeux du vainqueur d'Hector la tête britannique de l'honorable duc avec son nez recourbé, sa bouche plate et son menton carré, est une des plus divertissantes idées qui puissent traverser un cerveau humain : c'est de la caricature naïve, involontaire, et par cela même irrésistible. — La statue, coulée en bronze par M. Westmacott avec les canons pris dans les batailles de Vittoria, de Salamanque, de Toulouse et de Waterloo, n'a pas moins de dix-huit pieds de haut. Le correctif de cette apothéose un peu exagérée est placé tout à côté. Par une de ces antithèses ironiques du hasard, ce grand railleur des choses humaines,

Apsley-House, l'hôtel du noble duc, occupe le coin de Piccadilly, et de sa fenêtre il peut se voir chaque matin sous la forme d'un Achille de bronze, ce qui est un réveil fort agréable. Malheureusement lord Wellington jouit en Angleterre d'une popularité très-problématique. — La canaille ne connaît pas de jouissance plus vive que de casser à coups de pierre, et quelquefois à coups de fusil, les vitres d'Achille. Aussi toutes les fenêtres d'Apsley-House sont revêtues de lames de fer et garnies de volets doublés en tôle. Ce sont les gémonies à côté du Panthéon, la roche Tarpéienne tout près du Capitole. Hyde-Park est bordé de charmantes maisons de style tout à fait anglais, ornées de galeries vitrées, de jalousies vertes, et de pavillons en ronde-bosse sur les corps de logis, qui rappellent les tourelles gothiques et font le meilleur effet.

On s'étonne de voir de si grands espaces libres dans une ville comme Londres. Regent's-Park, où se trouve enclavé le jardin zoologique et que bordent des palais dans le goût du

Garde-Meuble et du Ministère de la Marine de Paris, est véritablement énorme, on s'y perd. Une ondulation du terrain, dont l'on a très-habilement profité, y produit les effets les plus pittoresques.

Voilà à peu près, mon cher ami, ce que j'ai vu en me promenant à travers la ville. Tout ceci est bien incomplet; si je voulais faire une description exacte et détaillée de Londres, une lettre ne suffirait pas, il faudrait des volumes. Mais quel est ton avis sur la cuisine de Londres ? me diras-tu ; qu'y boit-on ? qu'y mange-t-on ? car les faiseurs de voyages, tout occupés de se quereller pour la mesure exacte d'une colonne ou d'un obélisque dont personne ne se soucie, passent ordinairement ces choses-là sous silence. Moi, qui n'appartiens pas à cette classe sublime, je te répondrai : La question est grave, aussi grave pour le moins que la question d'Orient. — Les Anglais prétendent qu'ils ont seuls le secret d'une nourriture saine, substantielle et abondante. — Cette nourriture se compose principalement de soupe de tortue, de beefsteak, de rump-steak, de poissons, de légumes cuits à l'eau, de jambon de bœuf, de tourtes de rhubarbe, et autres mets aussi primitifs. Il est bien vrai que toutes ces nourritures sont parfaitement naturelles et cuites sans aucune sauce ou ragoût, mais on ne les mange pas comme on les sert. L'accommodement se fait sur la table, et chacun le gradue à sa guise. Six à huit petites buires posées sur un plateau d'argent, renfermant du beurre d'anchois, du poivre de Cayenne, de l'Harvey-sauce, et je ne sais quels ingrédients hindous à vous faire venir des ampoules au palais, font de ces mets si simplement apprêtés quelque chose de plus violent que les ragoûts les plus sublimés. — J'ai mangé sans sourciller une friture de piments et des confitures de gingembre de la Chine. Ce n'était que miel et sucre à côté de cela. Le porter, la vieille ale d'Écosse, qui me plaît beaucoup, ne ressemblent en rien à nos bières de France, ni à celles de Belgique, déjà si supérieures aux nôtres. Le porter prend feu comme l'eau-de-vie, l'ale d'Ecosse grise comme du vin de Champage. Quant au vin qu'on boit en Angleterre, le claret, le sherry et le porto, c'est du rhum plus ou moins déguisé. On y absorbe aussi, sous prétexte de vin de Champagne, une grande quantité de poiré d'Exeter. Au dessert, avec le fromage de Chester et les petits gâteaux secs, on apporte du céleri fort proprement dressé dans une coupe de cristal. Les oranges, qui viennent de Portugal, sont excellentes et ne coûtent presque rien. C'est la seule chose qui soit à bon marché à Londres.

J'ai dîné à l'hôtel de Brunswick, près des docks des Indes, tout au bord de la Tamise. Les vaisseaux passaient et repassaient devant les fenêtres, et semblaient presque entrer dans la salle; on m'y servit, entre autres choses, un rump-steak d'une telle dimension, si flanqué de pommes de terre, de têtes de choux-fleurs, et arrosé d'une si abondante sauce aux huîtres, qu'il y aurait bien eu de quoi rassasier quatre personnes. On me conduisit aussi à une table d'hôte, dans une taverne près du marché au poisson à Billingsgate. J'y mangeai du turbot, des soles et du saumon d'une fraîcheur exquise. Au commencement du repas, le *landlord* dit les *Graces*, et à la fin le *Benedicite*, après avoir frappé sur la table avec le manche de son couteau pour commander l'attention.

Les cafés, *coffee-room*, ne ressemblent en rien aux cafés de France. Ce sont des chambres assez tristes, divisées en petits cabinets ou cloisons, comme les stalles des chevaux dans les écuries, et qui n'ont rien de l'éclat de nos cafés de Paris, étincelants de moulures, de dorures et de glaces. Les glaces, du reste, sont assez rares en Angleterre : je n'en ai vu que de fort petites.

Il y a aussi dans tous les quartiers de la ville des tavernes-poissonneries où l'on va manger des huîtres, des crevettes, du homard, le soir à la sortie du théâtre. Comme ces tavernes ne payent pas patente de marchands de vin et d'esprits, si vous voulez boire il faut donner de l'argent au garçon, qui va chercher, au fur et à mesure, ce que vous lui demandez à la boutique voisine.

En fait de théâtre, je n'ai vu que l'Opéra-Italien et le Théâtre-Français. Te parler de Mlle Forgeot, de Perlet, t'amuserait médiocrement; je préfère te dire quelques mots de l'Opéra-Italien.

La salle peut lutter de grandeur avec celle de la rue Lepelletier ; mais ses dimensions sont acquises un peu aux dépens de la scène, qui est fort petite. Les spectateurs empiètent sur le théâtre. Il y a trois loges d'avant-scène entre la rampe et le rideau, ce qui produit l'effet le plus bizarre : les *espaliers*, les chœurs, n'ont pas le droit de s'avancer plus loin que le manteau d'Arlequin, car alors ils empêcheraient de voir les jeunes gentlemen placés dans les baignoires. Les premiers sujets seuls se postent sur le proscenium et jouent hors du cadre de la décoration, à peu près comme les figures d'un tableau qui seraient découpées et posées à cinq à six pieds en avant du fond sur lequel elles se meuvent. Quand, vers la fin d'un acte, par suite de quelque combinaison tragique, les héros sont poignardés et meurent près de la rampe, il faut les prendre sous les bras et les traîner à reculons en remontant vers le théâtre, pour que la chute du rideau ne les sépare pas de leur suite éplorée.

Les loges sont garnies de rideaux de damas rouge qui les rendent un peu sombres ; la salle elle-même n'est pas très-éclairée ; toute la masse de lumières est réservée pour la scène. Cette disposition et la puissance des rampes de gaz permettent d'exécuter des effets vraiment magiques. Le lever de soleil qui termine le ballet de *Giselle* produit une illusion complète, et fait honneur à l'habileté de M. Greave. —L'on donnait avec *Giselle* un opéra de Donizetti, *Gemma de Vergy*, imité, pour le poëme, du *Charles VII chez ses grands vassaux*, de Dumas, et pour la musique de Donizetti lui-même, sans préjudice de Bellini et de Rossini. — Le ténor Guasco et Mlle Adélaïde Moltini, de Milan, ont trouvé moyen de s'y faire applaudir ; mais les épaules de la Moltini sont pour moitié au moins dans les applaudissements.

Quoique le beau monde ne fût pas encore

arrivé, je vis à l'Opéra-Italien de charmantes physionomies féminines, encadrées admirablement dans le damas rouge des loges. Les keepsakes sont plus fidèles qu'on ne pense, et représentent très-bien la grâce maniérée, les formes élégantes et frêles des femmes de l'aristocratie. Ce sont bien là les yeux aux longs cils, aux regards noyés, les spirales de cheveux blonds faiblement contournées, et venant caresser de blanches épaules et de blanches poitrines généreusement livrées aux regards, mode qui nous paraît contraster un peu avec la pruderie anglaise. Quant aux toilettes, elles ont un caractère d'excentricité frappant. Les couleurs voyantes sont adoptées de préférence. Dans la même loge rayonnaient comme un spectre solaire trois dames habillées l'une en jonquille, l'autre en écarlate, et la dernière en bleu de ciel. Les coiffures ne sont pas d'un goût très-heureux. On sait tout ce que les Anglaises se mettent sur la tête : franges d'or, buissons de corail, branches d'arbres, coquillages, bancs d'huîtres, leur fantaisie ne recule devant rien, surtout lorsqu'elles ont atteint cet âge que l'on appelle âge de retour, et auquel cependant personne ne voudrait arriver, loin d'y vouloir retourner.

Voilà à peu près, mon chez Fritz, ce que peut voir, en allant à travers Londres tout droit devant lui, un honnête rêveur qui ne sait pas un mot d'anglais, n'est pas grand admirateur de vieilles pierres noires, et trouve la première rue venue aussi curieuse que l'exhibition la plus attractive.

POCHADES, ZIG-ZAG ET PARADOXES.

I. — Idées rétrogrades.

Que doit dire là-haut ou là-bas (car ce n'est qu'une question d'antipodes) le créateur de toutes choses de la conduite que nous menons sur ce globe terraqué? Il avait inventé une assez jolie machine à quatre pieds que l'on appelait cheval. Cette machine vivante, qui se reproduisait d'elle-même, s'attelait à des voitures, se laissait mettre des selles sur le dos, et nous transportait d'un endroit à un autre avec une rapidité qui avait paru suffisante jusqu'à présent; mais il y a des gens qui ne sont jamais contents de rien, et qui regrettent, comme ce roi d'Espagne, de ne pas s'être trouvés là lorsque Dieu fit le monde, parce qu'ils lui auraient donné de bons conseils. Ces gens-là, à force de recherches, de combinaisons et d'efforts, sont parvenus à fabriquer un animal de fer, de cuivre et d'acier, qui boit de l'eau bouillante et mange du feu, a des roues au lieu de jambes, et ne peut marcher que sur des tringles. Cette bête monstrueuse, qui grogne, qui glapit, éructe et produit toute sorte de bruits singuliers, traîne des fardeaux énormes plus vite que le vent!... Le vent! qu'ai-je dit là? quelle comparaison antique et surannée! le vent reste bien en arrière de la vapeur. — Cette bête ne se fatigue pas, bien qu'elle se couvre de sueur; toutefois, elle a cela de commun avec l'ex-cheval, qu'elle prend le mors aux dents si on la surmène, éclate comme un obus, et fait payer bien cher sa vélocité. — Dans l'esprit du peuple, une locomotive passe pour un être doué de vie, et j'avoue que je suis un peu de l'avis du peuple. — Un savant chimiste ne vient-il pas de découvrir que l'homme était un appareil consommant du carbone ? Dans les procès qui ont suivi le désastreux événement du 8 mai, n'avez-vous pas remarqué parmi les dépositions des témoins des phrases comme celles-ci :—Le Mathieu-Murray était une machine capricieuse; Georges (le Baucher de ces chevaux de fer) se défiait de ses tours ; il la montait lui-même, car elle avait ses bons et ses mauvais jours. — Une machine capricieuse ! quel mot effrayant ! quel abîme de profondeur ! Le caprice, c'est la volonté, c'est la vie ; il y aura donc, dans quelques années d'ici, des machines qui vivront!

Au moyen de cette invention, je viens de faire trente lieues et plus en moins de quatre heures. — Je suis furieux ; je trouve qu'on s'est arrêté trop souvent, qu'on a perdu vingt minutes. Autant aller en fiacre, autant s'asseoir sur un colimaçon. Jadis, lorsqu'on faisait quatre lieues à l'heure, on appelait cela un train d'enfer, et l'on donnait dix francs de guides. Il est vrai que l'on avait du bruit pour son argent :

les postillons faisaient claquer leurs fouets, les chevaux secouaient des grappes de grelots, arrachaient du pavé des milliers d'étincelles, les roues grondaient comme le tonnerre, on était cahoté, jeté d'un angle à l'autre, agité comme dans un van. Cette réflexion m'est venue, et ma colère s'est calmée.

Une seconde réflexion s'est présentée à mon esprit : — Un vertige de rapidité s'est emparé des populations modernes; toutes les idées convergent de ce côté. La vapeur ne suffit déjà plus : — on cherche dans l'air comprimé, dans le fluide électrique, des moteurs encore plus puissants. Cruishanck, le caricaturiste, représente des voyageurs qui partent pour le Bengale, et qui se placent au centre d'une énorme bombe qu'un mortier va lancer à sa destination. En 1945, cette plaisanterie sera du plus mauvais goût. La route de l'air va bientôt être ouverte. En France, en Angleterre, plusieurs de ces fous, qu'on nomme génies lorsqu'ils réussissent, cherchent les moyens de se diriger à travers les couches atmosphériques.—Ce moyen, on le trouvera ; il est peut-être trouvé. — En attendant, je vais vous raconter une petite histoire. — Un Anglais (c'est peut-être bien un Ecossais) avait inventé une machine pour voler ; — la machine achevée, le Dédale britannique voulut en faire un essai solennel ; il invita beaucoup de monde à déjeûner ; — le repas fut long et magnifique ; les vins de France et d'Espagne y coulèrent à flots ; après quoi l'on descendit dans la cour pour l'expérience. Le gentleman, au moment de partir, allégua qu'il avait beaucoup mangé, bu davantage, qu'il était un peu lourd, qu'il lui serait difficile de s'élever de terre, et qu'il réclamait de la respectable société la faveur de monter avec la machine sur le bord d'un toit, du haut duquel il prendrait plus commodément son essor. Cette facilité lui fut gracieusement accordée : les aigles eux-mêmes se la donnent, et se jettent dans l'air de quelque rocher ou de quelque pic. — Arrivé au bord du toit, le gentleman prit deux ou trois fois son élan, sans toutefois quitter l'élément solide. L'assistance attendait avec anxiété ; mais notre homme, s'arrêtant tout à coup, se mit à crier d'une voix de Stentor : — John !

John parut.

— Vous êtes mon domestique ?

— Oui, monsieur.

— Je vous paye pour me servir et faire ce que je vous commande.

— Oui, monsieur.

— C'est bien ! entrez dans cette machine, et lancez-vous...

— Monsieur m'excusera ; je ne sais pas voler.

Le maître s'emporta, le domestique tint bon, et, au grand amusement des spectateurs, une querelle en règle s'engagea.

— Monsieur, je cirerai vos bottes, j'irai vous chercher de l'eau chaude, je brosserai vos habits, mais je ne veux pas me casser le cou pour vous obéir.

— Mais je réponds de tout, mes calculs sont justes ; et d'ailleurs, estimez votre carcasse, je vous la payerai.

John ne parut pas convaincu, résista, et fut glorieusement mis à la porte.

Ici se présente une question de droit des plus intéressantes : — Un maître inventeur peut-il exiger de son domestique, comme service, d'essayer ses mécaniques et de prendre part à ses expériences ?

Je disais tout à l'heure que la rapidité était un des besoins de l'époque. — On a donc découvert depuis peu des endroits bien délicieux, bien ravissants, pour qu'il soit nécessaire d'y arriver si vite ! A quelle Otaïti, à quel Eldorado, à quel paradis terrestre conduisent ces chemins, ces rails-ways inflexibles ? La terre n'a jamais été plus ennuyeuse ; toutes les différences disparaissent, et il est presque impossible de distinguer une ville d'une autre ; la rue de Rivoli menace d'étendre indéfiniment ses arcades ; les paletots et les makintosh ont fait disparaître tous les costumes pittoresques. — Et d'ailleurs, arriver est toujours triste, même quand on arrive à une belle chose. — Je voudrais qu'un nouveau bouleversement géologique vînt tourmenter la face du globe, creusât les vallées en abîmes, soulevât les montagnes jusqu'aux cieux, et détruisît toutes les routes ! — Comme alors on réinventerait les chevaux, les ânes et les mulets ! — Quel beau voyage ce serait d'aller à Rouen !

Il y a quelques années, nous avons été à Rouen dans une petite barque, trois ou quatre amis ensemble, autant que cela, mais nous étions bien jeunes ! tantôt à la voile, tantôt à la rame, le plus souvent à la dérive. — Nous abordions à des îles inconnues, pleines de saules et d'osier, plus fiers de nos découvertes que des aventuriers espagnols allant à la conquête de l'Amérique. Nous surprenions les martins-pêcheurs dans leur intimité. De temps en temps la barque tournait. Quels jolis naufrages ! nous plongions, et nous allions repêcher notre cargaison moelleusement étalée au fond de la rivière, sur un lit de sable fin. — Une seule chose me contraria pendant cette délicieuse navigation : l'un de nous avait un fusil, et tirait aux hirondelles... J'avoue que je n'ai jamais compris le plaisir que l'on peut prendre à envoyer un grain de plomb à un pauvre petit oiseau qui jouit innocemment de la vie que Dieu lui a donnée, qui nage dans l'air et la lumière, poussant de jolis petits cris, et ne faisant de mal à personne. Heureusement la poudre se mouilla, et les hirondelles purent voltiger sans péril autour de notre canot. — Ce voyage mémorable dura trois jours. En mettant le pied sur le quai, je disais : Déjà ! — L'autre jour, au débarcadère, je disais : Enfin ! — Il est vrai que.

II. — **Paysage et Sentiment.**

Le temps est beau. Quelques nuages qui ternissaient la pureté du ciel ont été balayés par la brise de la nuit. La route monte, descend, capricieuse comme une jolie femme. De grands arbres projettent sur le chemin des ombres bizarres, où les chevaux n'entrent qu'en frissonnant. La lune s'est levée entourée d'un halo. L'attelage fume, et nous marchons dans un nuage comme les dieux de Virgile.

Nous venons de passer près d'une petite maison à moitié enfouie dans des masses de végétations. Une seule fenêtre brille à la façade éteinte. Une lampe posée près d'un rideau de mousseline dessine une vague silhouette, comme celle de quelqu'un qui lit ou qui travaille. Est-ce un homme ou une femme? c'est une jeune fille, j'en suis sûr. — Elle est jolie sans doute. Il me prend je ne sais quelles envies de descendre de la voiture, de frapper à la porte de cette maison, et de m'y établir pour le reste de mes jours. Je serais très-bien là. Le site est charmant, et j'aime déjà beaucoup le corps à qui appartient l'ombre que je viens d'apercevoir. — C'est là peut-être que mon bonheur attend que je passe : demain, cette fenêtre s'ouvrira aux parfums de l'aube, une tête blonde et vermeille, comme une pêche dans son duvet, apparaîtra au milieu d'un cadre de feuillage fait par les guirlandes de la vigne. — Qu'un groupe d'enfants jouant avec les oreilles d'un bon gros chien serait joyeux à voir sur les marches du perron ! — De quelle couleur serait l'ameublement de sa chambre ? — Bleu et blanc... frais et doux comme elle... Eh bien, mon cœur, tu te gonfles ; es-tu donc encore si facile aux chimères ?... Quelle étrange chose que le monde ! J'ai usé de grands morceaux de ma vie auprès de gens que je ne pouvais souffrir, et que le hasard des circonstances avait mis sur mon chemin, et dans cette maison devant laquelle je passe pour n'y plus revenir, où je n'entrerai probablement jamais, peut se trouver l'âme la mieux assortie à la mienne, la forme la plus agréable à mes yeux. — La route fait un coude, hélas ! je me sens les paupières humides... — Allons, rêveur, console-toi, c'était une vieille femme qui, lunettes sur le nez, marmottait ses prières avant de s'endormir.

A gauche, au fond d'une vallée baignée de vapeurs, le fleuve scintille et miroite sous les rayons de la lune qui a l'air de laver dans l'eau le bord de sa tunique d'argent ; tout dort, excepté un phare dont l'œil rouge est ouvert et regarde dans les ténèbres.

Pourquoi les peintres, qui ont tant fait de scènes de jour, ont-ils si rarement représenté la nuit? Il y a là un côté nouveau à rendre : la nuit n'est pas si noire qu'elle en a l'air, et que le croient communément les mortels vertueux qui se mettent au lit et s'endorment à neuf heures. Il y a peu de nuits complétement obscures, même dans nos climats du nord. Outre la lune, espèce de soleil blanc, vous avez les rayons des étoiles, mille vagues reflets du jour disparu ou qui va renaître, je ne sais quelle phosphorescence des objets. Un grand coloriste, qui étudierait la nuit *con amore* y trouverait des gammes de nuances d'une harmonie et même d'une variété surprenantes, des effets vraiment merveilleux et neufs ; toutes les minuties, toutes les misères impitoyablement trahies par le jour, disparaissent. Le jour est grossier, cynique, il n'épargne rien ; — la nuit, on n'aperçoit plus que les masses, les grands clairs et les grandes ombres : c'est la poésie, la mélancolie, le mystère. Et puis, s'il faut l'avouer, un des grands charmes de la nuit, à mes yeux, c'est que les bourgeois sont couchés, et laissent la place libre à la nature et à Dieu.

Il faut dire aussi que l'on ne peut pas peindre sans voir clair, et que les effets de nuit s'exécutent le jour; et ensuite, qui jugerait de la vérité de ces tableaux? les chats, les amants et les poëtes, animaux inquiets, furtifs, amis de l'ombre, et qui sortent quand tout le monde rentre.

III. — Nègres, White-Horses et Moutons.

Le port s'éveille et salue le jour ; les vaisseaux étendent leurs vergues comme des bras fatigués de dormir ; les matelots grimpent aux hunes, et de loin ressemblent, à travers l'enchevêtrement des cordages, à des mouches qui se démènent dans des toiles d'araignée. Les poulies grincent, les câbles se tendent en gémissant ; des cris plaintifs, des mélopées bizarres accentuent et rhythment les manœuvres des matelots. Voilà un bâtiment qui lève l'ancre : les voiles se développent comme des nuages blancs, depuis les bonnettes basses jusqu'aux pommes des girouettes, car il fait peu de vent, et il faut ramasser le moindre souffle de brise. A bord de ce navire, un nègre, vêtu d'une chemise de laine rouge et coiffé d'un petit chapeau de paille, s'agite avec la joyeuse mièvrerie d'un singe en belle humeur. — Il va, il vient, en se donnant un mouvement extraordinaire. — Est-ce la joie de quitter notre pays, et voit-il déjà le soleil d'Afrique reluire sur sa peau noire?

Les nègres m'ont toujours beaucoup préoccupés, non pas à la façon des philanthropes; je ne réclame pas leur émancipation, et je ne suis pas tourmenté du désir de voir des députés de couleur siéger à la chambre. Mais cette race mystérieuse a pour moi un attrait singulier. Évidemment leurs pensées n'ont pas la même teinte que les nôtres, et j'ai peine à croire qu'ils descendent d'Adam, qui était rouge, s'il faut s'en rapporter à son nom. Or, s'ils ne descendent pas d'Adam, ils ne sont pas solidaires de sa désobéissance, et ils naissent sans péché originel, ce qui fait qu'ils n'ont pas besoin d'être rachetés. Aux îles, tous les nègres ont dans leur case le portrait de Napoléon, mais recouvert d'une couche de cirage, et ils barbouillent le diable de blanc. Deburau est Satan pour un nègre.

Nous allons partir. Que de tuyaux, que de fumées, bon Dieu ! — Fumée blanche, fumée noire, fumée rousse, fumée grise ; feu de la première chambre, feu de la seconde chambre, feu de la cabine du capitaine, feu de la cuisine. On dirait, à voir tous ces tubes de tôle, un toit de maison à la dérive. Ce que les Anglais produisent de fumée est prodigieux, abstraction faite des cigares et des pipes : on dirait qu'ils sont mis au monde pour cela.

Les coteaux d'Ingouville font place à de grandes falaises rousses d'un aspect sauvage et féroce. Par opposition, les côtes de l'Angleterre sont entièrement blanches, d'où lui vient son nom d'Albion. Nous sommes en mer.

Voir la mer a été pour moi un désir presque maladif. Dès l'âge de cinq ou six ans, j'étais un des spectateurs les plus assidus du spectacle mécanique de M. Pierre, où l'on représentait des combats, des tempêtes, des naufrages et autres scènes analogues. Je connaissais le nom et la forme de tous les vaisseaux ; j'aurais pu faire le catalogue qui se trouve dans l'ode de Victor Hugo sur la bataille de Navarin. Tout le monde croyait que je me ferais marin, et mes parents, en cas de mauvaise conduite de ma part, se voyaient privés de la ressource de me faire embarquer en qualité de mousse, car ma joie eût été au comble. — Plus tard, j'ai vu la mer, et j'avoue que je l'ai trouvée trop ressemblante au spectacle de M. Pierre ; il me semble que les vaisseaux sont de carton, et glissent sur une rainure ; les vagues me font l'effet de calicot vert glacé d'argent, n'en déplaise à lord Byron et aux descriptions poétiques.

Le temps fraîchit, la lame devient courte, clapoteuse et dure ; le ciel est clair encore du côté de la France ; mais une tenture de brouillard ferme l'horizon du côté de l'Angleterre. L'eau est d'un gris verdâtre ; les white-horses (chevaux blancs) commencent à secouer leur crinière d'écume, et accourent au grand galop du fond de l'étendue. Les white-horses sont appelés chez nous moutons, d'où le verbe moutonner, pour exprimer ces barres blanches qui zèbrent la surface de la mer quand elle devient houleuse, et qui, en effet, ont assez l'air de flocons de laine. N'y a-t-il pas là une différence toute caractéristique? Les Anglais, peuple hippique, toujours occupés de courses, de races, voient des chevaux partout; pour eux l'océan est un *turf* où galopent des coursiers d'écume; pour le Français, pastoral et troubadour, la mer représente un tapis de gazon vert où paissent de blancs moutons.

IV. — Yeux verts et Talons roses.

Le bateau s'élève, puis redescend avec une douceur perfide. Nous sommes bien rarement parallèles à l'horizon, situation désagréable à tous ceux qui n'ont pas le pied marin. Horace avait raison de dire que celui qui s'aventura le premier sur les flots devait avoir un cœur de chêne doublé d'un triple airain, et cela au propre encore plus qu'au figuré. Mais éloignons ces idées malsaines.

J'ai déjà fait plusieurs traversées, et le vieux

père Océan n'a pas exigé de moi le tribut ordinaire. La Méditerranée, ce ciel liquide, ce grand saphir fondu, a été pour moi d'une clémence rare, et les Anglais de Gibraltar n'ont pas eu la satisfaction de voir un jeune Parisien prendre un teint de citron qui a fait des excès, au roulis d'un steamer britannique ; — je suis un débiteur oublié, si tant est que le Léthé existe pour les créanciers.

Cependant j'éprouve une vague inquiétude, et je pense au vers de Lucrèce :

Suave mari magno...

hexamètre excellent à débiter du rivage. Ces souvenirs classiques qui me reviennent en foule ne sont pas d'un bon augure ; — le vent augmente, les roues nous envoient une poussière salée ; au roulis s'est joint le tangage ; la fumée rabattue par le gros temps nous enveloppe de ses noirs flocons. Si cela continue, il faudra, en arrivant, nous ramoner la figure.

Combien de fois j'ai marché par des chemins qui ne venaient point au devant de mes pieds, dans des allées sablées, sur des parquets parfaitement tranquilles, et cela sans apprécier mon bonheur ! Aujourd'hui j'imiterais volontiers la naïveté de cette cantatrice italienne qui, malade du mal de mer, s'écriait au milieu de la Manche : — Descendez-moi, je ne veux pas aller plus loin.

Pour nous distraire de ces pensées maladives, regardons les yeux de notre voisine, qui est assise sur le pont, groupée dans son manteau de fourrure.

Ce sont de beaux yeux d'une teinte étrange, ni noirs ni bleus, ni gris ni fauves, mais d'un vert d'algue marine, des yeux orageux : *Procellosi oculi.* — Ce n'est peut-être pas un moyen d'éviter ce que je crains. — Dans ces prunelles transparentes et profondes, je reconnais les couleurs de l'Océan. Il ne faut pas trop s'y mirer, le vertige pourrait vous prendre. Mon cœur se trouble... Que disais-je donc ? — Qu'Aphrodite, née du ciel et de l'écume de la mer, avait les prunelles de cette teinte, où l'azur des flots et l'or du soleil se fondent également, et rappellent ainsi sa double origine. (J'avais commencé un compliment... le finirai-je?)

Le froid me transit, je vais descendre dans l'entrepont. Quel dissolvant malaise! il me semble que mon âme va quitter mon corps. — O saint plancher... des génisses, comme eût dit l'abbé Delille, combien je te regrette! et quel dommage que l'on ne puisse aller dans une île que par eau! Quel caractère morose doivent avoir des gens qui ne peuvent ni rentrer chez eux ni en sortir sans reconnaître l'inefficacité des bonbons de Malte! En conséquence, je me crois en droit de formuler cet axiome : — Les îles ne sont pas des pays. — J'admets à peine les presqu'îles, mais j'adore les continents.

Les stoïciens étaient des gaillards solidement trempés qui niaient la souffrance, et, au milieu des plus atroces tourments, avaient la force morale de dire : « Douleur, tu n'es qu'un nom! » Tenons au mal de mer le même langage, narguons-le, ne l'admettons pas, traitons-le comme une pure abstraction. Domptons le corps par l'esprit, faisons voir à la matière que l'âme est la maîtresse; forçons-nous par la pensée à l'oubli du présent; à l'amertume des nausées, opposons la douceur des souvenirs; faisons comme les musiciens, prenons un thème et brodons-le. Les pieds ont joué dans ma vie un grand rôle, sans compter le pied embaumé de la princesse Hermonthis, morte il y a quatre mille ans, et qui m'a longtemps poursuivi.

Que les pieds soient notre thème; avec un pareil sujet, on peut aller loin.

Elle avait promis de me faire une visite. — Je demeurais alors à l'Alhambra, dans la salle de *las dos hermanas*. — Lola, son amie, habitait une vieille maison moresque, — la maison du Kislar-Agassi, au temps du roi Boabdil, tout près des jardins de Lindaraja. Le prétexte de sortie était suffisamment plausible. Elle arriva un matin, vers huit heures, fine et mince dans sa mantille, un éventail vert à la main, un œillet rouge à la tempe, avec cet air délibéré et furtif à la fois qui la faisait ressembler à une biche prenant sa résolution pour traverser un chemin. Je ne l'attendais pas encore, et j'étais assis sur une marche de marbre blanc, occupé, comme dit Gubetta, à faire se becqueter deux rimes au bout d'une idée, et deux rimes espagnoles, qui pis est! car la fantasque créature m'avait ordonné de lui faire un dixain dans cette langue, que je savais fort mal, et cela avec la menace de ne pas me parler de huit jours et de ne pas me donner la fleur qu'elle avait portée dans ses cheveux à la promenade.—Elle était fille à tenir parole, et j'avoue que pour éviter un pareil malheur, j'aurais composé un madrigal sanscrit.

—Vous écrivez à votre *novia*, à votre maîtresse de France, me dit-elle en m'arrachant des mains le pauvre papier tout couturé de ratures, que je n'avais pas eu le temps de cacher dans ma poche.

Les quelques mots qu'elle put saisir étaient d'une orthodoxie rassurante : je lui disais que ses yeux feraient fondre la Sierra-Nevada, éteindraient le soleil, éclipseraient les étoiles, et autres galanteries un peu hyperboliques pour nous autres gens du nord, mais parfaitement naturelles dans la patrie des Zégris et des Abencerrages, — qui n'ont jamais existé, à ce que prétendent les érudits. — Métaphore à part, c'étaient des yeux qui, pour n'être pas verts... Mais ne sortons pas de notre thème.

Occupée de sa lecture, elle trempa par mégarde son pied chaussé de satin à la mode andalouse dans une de ces rigoles de marbre qui réunissent un bassin à un autre, et où ruisselle toujours ce cristal de roche, ce diamant humide, qu'à Grenade on appelle tout simplement de l'eau. Elle ôta son soulier, que n'aurait pas chaussé un enfant de dix ans, et dit en riant :
— Quelle bonne tasse pour boire ! et le porta à ses lèvres à moitié plein d'eau. Jamais vin du Rhin dans un verre de Bohême ne me parut aussi délicieux que l'eau de la fontaine des Lions dans ce petit soulier.

Avant de se rechausser, elle tendit vers moi sa jambe qui luisait comme une agate sous les mailles de la soie, et me dit, avec un regard tout à fait royal : — Cavalier, regardez bien ce pied, souvenez-vous que jamais vous n'en verrez de pareil. Eh quoi! elle se trompait, car...

Pouvoir magique de la pensée! pendant une heure, j'ai vécu réellement à six ou sept cents lieues de mon corps. Malgré la dureté de la houle et l'âcre odeur de l'Océan, j'étais bien dans le *Patio de la Tassa*.

L'alcaraza d'argile poreuse posée par terre à côté de deux citrons, le nez cassé d'un des lions de la fontaine qui lui donnait une physionomie grotesquement furieuse, les fleurs du parterre, les mystérieuses inscriptions arabes, je voyais tout; j'entendais la voix de contralto de l'amie de Lola, tantôt claire comme l'argent, tantôt riche comme le cuivre.—Je me porterais parfaitement bien sans cet infernal miroir qui est placé juste en face de moi, et qui vacille au mouvement de la vague; il brille et s'éteint comme un piége d'alouettes, puis il se ravive et jette des étincelles dans l'ombre; la lumière tremble dessus comme du vif-argent; il m'éblouit, me fascine et me donne le vertige. Chacune de ses oscillations m'avertit de ne pas oublier que je suis sur mer. — Que n'ai-je le pied assez ferme pour me lever et l'aller briser !... Damné miroir ! puisse la première femme qui se regardera dans ta glace, se trouver une rougeur sur le nez ! elle te brisera en mille morceaux. J'ai beau fermer les yeux, ses reflets louches me poursuivent et m'entrent sous les paupières comme des lames d'épée ; allons, ma pensée, courage ! ne te laisse pas vaincre ! Encore un coup d'aile, et nous arriverons triomphants au rivage !

— ... Comment ! vous irez au bal par cette chaleur ?

— Apprenez, monsieur, qu'il ne fait jamais chaud pour aller au bal.

— Mais il n'y a pas assez d'air pour soulever l'aile d'une mouche ; vous étoufferez.

— Me prenez-vous pour une Anglaise qui s'empourpre après dîner, ou pour une Française trop serrée dans son corset ? Je vous ferai voir demain que je n'ai pas eu chaud ; et, croyez-en ma conscience, je ne manquerai ni une contredanse ni une valse.

En débitant cette phrase d'un ton de déesse blasphêmée, elle défit son bas, arracha trois pétales d'une rose de son bouquet et les colla à son talon ; puis elle se rechaussa et dansa toute la nuit. Le lendemain, les trois feuilles étaient aussi fraîches que la veille.

Les côtes d'Angleterre commencent à se dessiner là-bas tout au bord de l'horizon. O ma mémoire, dans un de tes replis secrets, dans un de ces tiroirs pleins de ces riens qui sont tout, cherche un souvenir qui puisse me faire croire que je suis assis dans ma chambre, dans un fauteuil moelleux, tranquille.

...Un jour, j'avais pris du hachich, c'est-à-dire une cuillerée de paradis sous la forme d'une pâte verte. Je fis les rêves les plus bizarres : j'entendis des fleurs qui chantaient, je vis des phrases de musique bleues, vertes et rouges, qui sentaient la vanille. Une transposition complète de toutes les idées : le plafond s'entr'ouvrit, et laissa passer un talon frais, rose, poli, un talon d'ange, de sylphide, qui n'a jamais marché que sur l'azur et sur les nuages; je devins amoureux fou de ce talon, qui valait pour moi le visage d'Hélène ou de Cléopâtre. — Etre amoureux d'un talon, cela ne s'est jamais vu; c'est une bizarrerie incompréhensible. Et pourquoi donc, s'il vous plaît? Un talon n'a-t-il pas des courbes gracieuses, des finesses de lignes admirables, des teintes charmantes? Que ceux qui ne me comprennent pas aillent voir au Musée des Antiques les pieds de jaspe d'une Isis en basalte noire, et ils ne seront plus étonnés de ma passion. — Un secret pressentiment me disait que ce talon existait; mais quelle babouche, quel brodequin, quel soulier le contenait? Où trouver mon idéal? Je n'avais d'autre ressource que le hachich, magicien fidèle qui évoquait l'objet de mon amour. Une chose qui semblera incroyable, et qui est pourtant vraie comme toutes les choses incroyables, c'est que je ne m'étais jamais représenté ce talon accompagné d'un corps; à peine si je voyais le reste du pied, comme l'adorateur d'une femme qui a de beaux yeux, et qui ne s'attache pas aux autres traits du visage. J'étais aussi malheureux, aussi agité, aussi plein de désirs extravagants que Faust, après avoir vu l'image d'Hélène dans le miroir magique.

Un soir, elle dansait; je ne sais quel sylphe, pris de jalousie à la voir si légère, se métamorphosa en pointe de clou, et traversa l'étroite semelle de son mince soulier. Jugez quelle alarme! Tout le monde s'empressait autour d'elle. Je me trouvais là par hasard, et l'on me donna à tenir la bandelette qui devait comprimer la piqûre. Que devins-je, quand je reconnus le talon de mon rêve, ce talon qui semblait me sourire du haut des nuages!... Hélas! pensai-je, il y a bien loin du talon au cœur!... Si je faisais revenir du Caire une autre portion de hachich?...

— Nous sommes arrivés! crie d'une voix glapissante un petit mousse en passant sa tête par l'ouverture de la cabine.

Il était temps!

V. — Puchero.

Il est certains voyageurs qui ne s'occupent que de ruines romaines et d'inscriptions latines. Dès qu'ils voient quelques inégalités dans un champ, c'est un *camp de César*; rencontrent-ils un pan de mur moisi, une borne tronquée, ils en font un temple, une statue de déesse. Cette classe de voyageurs se fait éditer in-quarto à l'Imprimerie Royale, et la plupart finissent à l'Institut. D'autres ne sont occupés qu'à prendre des mesures : tel monument a tant de mètres de long, tant de mètres de large ; un millimètre d'erreur les plonge dans le plus profond désespoir. — Quelques-uns sont à la recherche des curiosités, telles que les échos singuliers, les effets bizarres d'optique. Un Anglais rencontre à Boulogne un autre Anglais, revenant comme lui d'Italie. Ils allaient monter sur le bateau à vapeur. La conversation s'engage, quoiqu'il soit difficile qu'une conversation s'engage entre Anglais qui n'ont pas été présentés l'un à l'autre par une tierce personne ; mais ils arrivaient des pays chauds, et leur glace britannique s'était un peu fondue à ce tiède soleil.

— Je reviens d'Italie, dit le premier Anglais. Et vous ?

— Oh ! oui, répond le deuxième, d'Italie.

— Vous avez visité Saint-Pierre de Rome ?

— Oh ! oui, le 29 juin, à une heure cinquante-sept minutes ; je l'ai noté sur mon carnet.

— Vous êtes-vous mis à la bonne place ?

— Oh ! non... il y a donc une bonne place ?

— Oh ! oui. En se mettant à un certain endroit, au lieu de voir toute la colonnade, on n'aperçoit qu'un seul pilier. C'est vraiment très-drôle.

Le second Anglais rougit un peu comme un homme pris en faute, resta pensif quelques minutes, puis prenant sa résolution :

— James, allez chercher des chevaux de poste. Nous retournons à Rome. Je vais voir Saint-Pierre à la bonne place, d'où l'on ne voit rien.

Moi-même, j'ai eu pour les cathédrales gothiques et les galeries de tableaux un goût désordonné. Que d'ogives, que de colonnettes, que de trèfles, que de clochetons, que d'absides, que de jubés, que de transsepts, que de portails, que de roses de vitraux, que de pendentifs, que de lancettes j'ai décrits tant en prose qu'en vers! que de tableaux espagnols, flamands, italiens j'ai tâché de traduire avec des mots! — Mais toutes les descriptions de cathédrales finissent par se ressembler, et lorsqu'on a vu huit ou dix fois le même original dans différentes galeries, l'esprit le moins sceptique commence à concevoir quelques doutes sur ce qu'on appelle les chefs-d'œuvre des maîtres. — Je nie les originaux, et j'ai un ami qui prétend qu'il n'y a pas de copies non plus, et que tout cela n'est que pure illusion, affaire de fumée et de vernis.

Je sais bien une chose : — si j'étais millionnaire, jamais un tableau ancien n'entrerait chez moi. Je prendrais en pension Ingres, Delacroix, Decamps, Chassériau, Scheffer, Roqueplan, Cabat, et je leur ferais peindre devant mes yeux et sur mes murs toutes sortes de chefs-d'œuvre d'une certitude incontestable, qui ne me coûteraient presque rien, et occuperaient d'admirables artistes, au lieu d'enrichir des juifs escrocs et faussaires.

Puisque nous parlons de tableaux, et que nous passons précisément sur la place de Trafalgar, entrons un instant dans la galerie nationale.

Trafalgar-Square est d'un effet charmant au clair de lune. L'église Saint-Martin, avec son clocher gothique accroupi sur un fronton grec, et sa massive balustrade en fer fondu; le palais du duc de Northumberland, dont le portail est surmonté d'un lion dans une attitude héraldique singulière ; la colonne de Nelson, encore enchevêtrée dans ses échafaudages, qui lui donnent un aspect sévère, qu'elle n'aura plus lorsqu'elle en sera débarrassée ; la barrière de planches, placardée de ces affiches extravagantes comme les Anglais seuls savent les faire ; toutes ces choses, qui sont fort laides le jour, prennent un caractère grandiose dans un bain de brouillards et de rayons.

La galerie nationale est un bâtiment orné de colonnes... Grands dieux ! qui nous délivrera des colonnes ? Mais ce n'est pas de cela qu'il s'agit.

Nous ne dirons rien des tableaux de maîtres, ce sont les mêmes que l'on rencontre partout.

Je n'avais jamais vu de peinture de Wilkie ; il y a là un tableau de lui — une perle ! Il représente des paysans attablés devant un cottage et buvant de la bière ; — un magnifique sujet que Téniers a traité cent fois, et qui a suffi pour rendre son nom illustre, car personne jusqu'à lui n'avait remarqué que les paysans se mettent à table pour boire, les objets qui sont perpétuellement sous nos yeux étant ceux qu'on ne voit jamais.

Quelle chaleur et quelle finesse! Les Flamands n'ont rien fait de mieux. Regardez la couleur de l'ale qui brille dans le verre de ce bienheureux nègre ; la topaze n'est ni plus blonde ni plus chaude. Comme ces physionomies sont variées, comme on suit sur elles les différentes phases de l'ivresse! comme le panier de crevettes renversées est touché de main de maître! — Tout cela est admirable, mais ce que vous ne trouverez ni dans Adrien Brawer, ni dans Craësbeke, ni dans Ostade, ni dans Bega, ce sont ces délicieuses femmes qui descendent l'escalier extérieur du cottage, de petits enfants sur les bras; elles ont une élégance naïve et rustique, une délicatesse de port et de tournure qui vous fait rêver et soupirer. Quels excellents fromages; quelles tartines soigneusement beurrées doivent faire ces charmantes ménagères, quels intérieurs propres, discrets, luisants de cire et de vernis font supposer ces douces créatures en robes blanches, en chapeaux de paille, qui le dimanche lisent la Bible, entourées de groupes de marmots ! Nos paysannes ne peuvent donner aucune idée des fermières du Lancashire.

Je suis resté une heure en contemplation devant ce chef-d'œuvre, qui prenait une puissance d'illusion incroyable. Les figures hautes de quelques pouces me semblaient de grandeur naturelle, et la scène peinte se passait réellement devant mes yeux.

Il y a aussi, à la galerie nationale, quelques beaux paysages de Gainsborough, de Constable. Notre paysagiste français, Paul Huet, rappelle assez Constable, soit qu'il l'ait étudié, soit par rencontre fortuite ; Rousseau, ce grand peintre que les injustices du jury ont dérobé au public, ressemble à Gainsborough, auquel il est supérieur. — Le portrait de Kemble dans le rôle d'Hamlet, par Lawrence, artiste qui n'est pas assez connu hors de l'Angleterre, et que je regarde comme le plus grand portraitiste qu'il y ait eu depuis Van-Dyck, est magnifique de composition et de couleur. Ophélia et Shakspeare en seraient contents.

S'il fut jamais un peintre selon le cœur des moralistes et des utilitaires, assurément c'est Hogarth. Chez lui, tout est voulu, tout a un plan, une intention, un but : il choisit un sujet, ou plutôt une série de sujets, et fait passer son idée par toutes les phases. Chaque détail est entendu, non dans le sens pittoresque, mais pour éclaircir et commenter l'action principale — Eh bien! avec beaucoup de talent, de science, d'observation, cela fait de la peinture abominable, bonne pour des quakers, des welleslyens, des méthodistes et des anabaptistes. — On y apprend tous les inconvénients des ménages mal assortis, de la mauvaise conduite, de l'ivrognerie et autres excellentes choses qui n'ont aucun rapport ni avec le dessin ni avec la couleur ; c'est de l'art, comme les quatrains de Pibrac sont de la poésie.

L'œuvre d'Hogarth, qui eut dans son temps une vogue immense, n'est cependant pas à dédaigner : la composition de ses tableaux est pleine d'habileté ; il dispose ses scènes d'une façon intelligible et dramatique ; sa couleur pâle ne manque pas d'une certaine harmonie sourde ; quelques-unes de ses têtes de femme ont un piquant qu'elles empruntent sans doute à la singularité des modes de l'époque reproduites avec une fidélité scrupuleuse. Certains masques ont la grimace bouffonne et sont d'un bon goût de caricature, bien qu'ils ressemblent plus à des acteurs comiquement grimés qu'à des visages naturels, et partout règne une *humour* qui nous paraît, à vrai dire, plus littéraire que pittoresque. Il nous semble qu'Hogarth n'a pas marché dans sa voie et s'est trompé de vocation ; cela arrive plus souvent qu'on ne croit. La plume lui convenait mieux que le pinceau ; il aurait été un remarquable essayiste, un parfait écrivain de mœurs.

Toutefois, tel qu'il est, Hogarth a un mérite, c'est l'originalité. Il ne ressemble à personne ; un fort parfum de terroir respire dans tout ce qu'il fait, il est gris, froid, gourmé, raide, carré, mais Anglais jusque dans la moelle des os. Les types qu'il reproduit n'existent nulle part ailleurs, et il vous transporte dans la vie de Londres au siècle dernier avec une puissance d'évocation surprenante.

VI. — Têtes d'anges.

Jetez en passant un regard sur la *Sainte Famille* de sir Joshua Reynolds. Murillo ne désavouerait pas cet enfant Jésus et ce petit saint Jean; mais arrêtez-vous devant une autre toile du même peintre, qui a représenté dans un seul cadre les enfants de lady Londonderry. Il n'y a que des têtes sur un fond de ciel. Jamais plus charmante nichée de séraphins et de chérubins n'a voltigé dans l'azur. — C'est d'une transparence et d'une fraîcheur vraiment idéales.

Qui n'a pas vu un baby anglais ne sait pas ce que c'est que la beauté de l'enfance. La pâle Albion est la corbeille où s'épanouissent le plus heureusement ces jolies fleurs de chair humaine qu'on appelle Arthur, Bobsy, Mary, Harriet, et autres noms charmants oubliés par les botanistes, qui se figurent que toutes les roses poussent dans les jardins, et s'obtiennent par des greffes sur les églantiers.

On se rappelle le portrait du jeune Lambton, de Lawrence, qui, envoyé à l'exposition du Louvre, à Paris, produisit, il y a quelques années, une si prodigieuse sensation : cette carnation de camélia, ces cheveux si soyeux et si brillants, ce regard nacré si sombre et si clair qu'il faisait penser au regard de Byron enfant, cette précoce rêverie, étonnèrent beaucoup les Parisiens, qui crurent avoir devant les yeux une création due à la fantaisie d'un pinceau poétique. L'idéal n'était qu'un portrait ressemblant, car ce type est fréquent en Angleterre, où l'élève des enfants est entendue d'une manière merveilleuse. Bakwell, le Prométhée des bestiaux, ne réussit pas mieux à faire ces bœufs chimériques pour nous, qui ne sont que d'énormes beefsteaks enveloppés d'une peau lustrée comme du satin. A force de brosses, d'eau tiède, de savon, de pierre ponce, de peignes fins et de cold-cream, on tanne les enfants tout vifs, et on leur rend l'épiderme d'une pureté, d'un grain, d'une transparence inimaginables. Le papier de riz, la feuille pulpeuse du magnolia, la pellicule intérieure de l'œuf, le vélin sur lequel les miniaturistes gothiques traçaient leurs délicates enluminures, ne sont que des tissus rêches et rugueux à côté de la peau d'une petite Anglaise de sept ou huit ans, appartenant à une famille aristocratique. Sur de pareilles épaules, l'hermine et le cygne paraissent noirs, la neige tourne à la suie.

Un soir, j'étais à Drury-Lane. On jouait la *Favorite*, accommodée au goût britannique, et traduite dans la langue de l'île, ce qui produisait un vacarme difficile à qualifier, et justifiait parfaitement le mot d'un géomètre, qui n'était pas mélomane assurément. — La musique est le plus désagréable et le plus cher de tous les bruits. —Aussi j'écoutais peu, et j'avais le dos tourné au théâtre.

J'aperçus dans deux loges différentes deux petites filles charmantes, blondes toutes deux, mais aussi dissemblables entre elles que peuvent l'être une négresse et un albinos.

La première et la plus jeune avait des cheveux d'un blond opulent, presque châtains, aux places moirées d'ombre, roulés en spirales nonchalantes; son œil gris, plein de résolution, comme celui d'un enfant gâté à qui rien ne résiste, et qui ne se doute pas de la misère et de la souffrance, se promenait fièrement autour de la salle, et de temps à autre, elle allongeait sur le velours rouge de la loge sa petite main rose, gantée d'une mitaine noire ; des couleurs de pomme d'api luisaient sur ses joues rebondies. Sa bouche, teintée par un sang pur et vivace, avait des coins arqués en dedans et une expression délicieuse de bouderie mutine.

L'autre était pâle, et ses joues ressemblaient à des pétales de rose-thé tombées dans du lait;

ses sourcils se distinguaient à peine de son front aux tempes veinées, transparent comme une agate; ses cheveux minces et faiblement bouclés avaient des tons d'or vert tout à fait singuliers, des cheveux d'Elfe ou d'Ondine ; la première semblait éclairée par le soleil, et celle-là par la lune; ses mains fluettes étaient si délicates, qu'elles laissaient pénétrer la lumière. Ses prunelles, d'un azur tendre comme celui de la pervenche sous la neige, se dessinaient à peine sur la nacre onctueuse du cristallin; de longs cils, palpitant comme des ailes de papillon, adoucissaient encore son regard mélancolique et velouté.

On aurait dit deux pages du keepsake détachées du livre, et animées par un pouvoir merveilleux.

VII. — **Parenthèse.**

J'avais été visiter l'atelier de Chalon, un peintre de Londres des plus à la mode. Il habite une superbe maison: un escalier d'une blancheur éblouissante, orné de tapis, de plantes rares et de tableaux, vous conduit dans les salons où travaille le maître. A la cheminée, dont la grille est magnifique, sont suspendues deux immenses cornes d'auroch, remplies d'eau d'où s'échappent des guirlandes de lierre. Les escabeaux qui servent à poser sont recouverts de velours, mais tout cela avec un soin, une propreté vigilante, inconnus dans les ateliers français, où « un beau désordre est un effet de l'art. »

Aux murailles étaient accrochées, dans des passepartout, les beautés de Byron, les beautés de Walter Scott, les beautés de Shakspeare, des scènes de la vie fashionable, chefs-d'œuvre de gravure où l'absence de dessin est compensée par une souplesse, un moelleux, une entente de l'effet, un ragoût de burin, un pétillant de touche vraiment prodigieux. Que de gazes, que de fleurs, que de cheveux en pleurs, que d'yeux démesurés, que de bouches si incroyablement petites qu'il en faudrait trois pour donner un baiser, que d'airs penchés, que de petites mines, que d'afféteries de toutes sortes. — C'est faux, absurde et charmant.

Ce qu'il y a d'étrange, c'est que les femmes anglaises font tout ce qu'elles peuvent pour ressembler à ces vignettes, et qu'elles y réussissent parfaitement : vous avez peut-être cru jusqu'à présent que la nature existait ; c'est une profonde erreur, la nature est une invention des peintres. A chaque époque, les artistes ont un idéal qu'ils poursuivent et réalisent de leur mieux dans leurs statues, leurs tableaux, leurs poëmes ; cet idéal, reproduit partout à divers degrés, finit par faire impression sur l'esprit des masses. Les jeunes gens cherchent à leurs amours les figures qui se rapprochent le plus des types en vogue. Les femmes, qui s'aperçoivent que pour être préférées elles ont besoin de rentrer dans certaines conditions de forme et d'ajustement, tâchent de se modeler sur cet idéal : par la coiffure, par le vêtement, par l'attitude et l'expression, elles arrivent à rappeler les tableaux. Les enfants qu'elles conçoivent dans cette préoccupation se rapprochent encore plus du type cherché ; et c'est ainsi qu'un artiste célèbre se trouve avoir changé la physionomie de son sujet. Les statues de Phidias ont créé le type grec, les Madones de Raphaël ont fait les Italiennes du seizième siècle, Albert Durer est le père de la beauté allemande ; sans Watteau et sans Boucher, la régence n'eût pas existé ; c'est de l'imagination de sir Thomas Lawrence, esq., que la femme anglaise est sortie.

L'être a toujours la forme de son idée. — En Chine, par exemple, le suprême du beau pour les femmes, c'est la gracilité et la sveltesse poussées à l'extrême. Pour les hommes, au contraire, trois mentons et un abdomen majestueux sont indispensables à l'élégance. Toutes les femmes sont minces comme des joncs, tous les hommes ventrus comme des poussahs. En France, sous l'Empire, les versificateurs du temps avaient mis à la mode les teints de lis et de roses ; les lis et les roses fleurirent sur tous les visages. Le romantisme vint, Alfred de Musset fit le célèbre vers :

Elle est jaune comme une orange.

Il n'y eut plus que des femmes vertes. La conquête d'Alger et les *Orientales* de Victor Hugo ont produit une quantité prodigieuse de têtes turques, arabes, albanaises, qui n'existaient pas auparavant. La pensée est un marteau intérieur qui *repousse* les formes à la manière des orfévres, et leur donne les creux ou les saillies de ses préoccupations. Dans ma première jeunesse, j'étais mince et maigre comme un page de tableau gothique allemand, mais je ne rêvais que muscles d'acier, poitrines de bronze, athlètes, boxeurs, hercules du nord et du midi tordant des barres de fer, soulevant des poids énormes, cavaliers portant leurs chevaux dans leurs bras, et par la force de ma volonté, aidée de quelques beefsteacks, je me suis modelé des pectoraux dignes d'un colonel de cuirassiers. Il est impossible de penser à quelque chose avec un peu de suite sans que cette pensée ne s'écrive ou sur le corps ou sur la figure.

Si les peintres font la nature, les écrivains font les mœurs; ce qu'on appelle le monde est une pure abstraction : un auteur compose un livre où il imagine une société à sa guise, trace des portraits et des caractères qui n'existent pas; les copistes arrivent bientôt, et les héros de roman sont traduits en chair et en os. Les Lovelace, les Saint-Preux, les Werther, etc., etc., créés par Richardson, Rousseau et Goëthe, ont servi de patron à presque tous les jeunes gens à la fin du dernier siècle et du commencement de celui-ci. Nous ne parlons pas des héroïnes, car les femmes sont plus impressionnables encore que les hommes, et leur vie sédentaire les livre sans défense aux séductions de la lecture. —A nos yeux ce n'est pas un mal; il vaut mieux essayer de ressembler à Paméla, à Clarisse, à Julie, que d'être tout simplement une imbécile ou une Maritorne. J'aime beaucoup la bonne soupe, et ne me plais pas plus qu'un autre à porter des hauts-de-chausses troués; mais écumer le pot et rapetasser les vieux habits, doit-il être l'unique occupation de la plus belle moitié du genre humain?

VIII. — Orthopédie.

Tout en contemplant ces deux têtes d'enfant, je me demandais : Quel sera leur destin, qui aimeront-elles, à qui les mariera-t-on ?

Et d'abord vivront-elles ?

La consomption, la gelée de ces fleurs de beauté, ne les fera-t-elle pas tomber de l'arbre avant l'heure ; la dernière, surtout, a le charme de ce qui doit peu durer ; elle est pâle de sa mort future, et le reflet du paradis brille déjà dans ses yeux ; l'ange commence à paraître.

A propos d'ange et de petite fille, laissez-moi vous raconter une histoire qui m'a été dite par un poëte qui ne veut plus écrire, et qui en sait bien d'autres; si le conte n'est pas charmant, ne vous en prenez qu'à moi.

L'idée de tout jeune couple, c'est d'avoir un bel enfant. Un et deux font trois en arithmétique amoureuse. La mère, le père, l'enfant, composent la trinité humaine. La trinité céleste, le Père, le Fils et le Saint-Esprit, est moins heureuse; il y manque une femme. La naissance d'Annah combla ses parents de joie; il est vrai que c'était la plus délicieusement mignonne petite fille qui se pût imaginer. Elle était réellement ce qu'elle paraissait aux yeux de son père, et même de sa mère, ceci rend toute description superflue.

Jusqu'à l'âge de dix ans, elle crût en grâces du corps et de l'esprit, en beautés du visage et de l'âme. Les êtres les plus grossiers éprouvaient à son aspect une admiration respectueuse. Ses petites camarades, bien qu'elle fût d'une douceur extrême, osaient à peine jouer avec elle, tellement elles comprenaient qu'Annah venait d'une région supérieure, et n'avait rien de commun avec les autres enfants.

Comme la mort est jalouse, et ne peut souffrir la vue du bonheur, au lieu de prendre de pauvres paralytiques brisés par les ans, de misérables grabataires toussant et râlant dans les greniers, elle emporta un jour, sans raison, sans en avoir besoin, l'heureuse mère d'Annah, faisant ainsi d'un seul coup un triple désespoir. — La douleur d'Annah fut profonde, concentrée ; mais au bout de quelque temps elle parut, sinon se consoler, du moins avoir maîtrisé son chagrin : seulement elle restait des heures entières les yeux tournés en haut, et ne s'occupant pas plus de ce qui se passait autour d'elle, que la statue d'albâtre de la Mélancolie placée sur un tombeau.

Deux ans se passèrent. Annah devenait d'une beauté inquiétante, surhumaine, presque fatale; sa peau, éclairée en dedans par son âme, avait une limpidité incroyable; ses mains dépassaient en blancheur l'hostie et la cire vierge, et sans la légère teinte rose des ongles, et les fils d'azur tracés par les veines, on aurait dit que la vie de ce monde n'y circulait pas.

Un matin, en l'habillant, la gouvernante d'Annah crut apercevoir que les épaules de sa pupille étaient un peu saillantes : elle observa avec plus d'attention le dos de son élève ; la déviation augmentait, les omoplates formaient une protubérance assez sensible. Annah devenait bossue ; on la mit dans une maison orthopédique. Elle fut revêtue d'un corset de fer, couchée sur un lit de torture, où elle subit des tractions énormes avec une patience héroïque. Rien n'y faisait : ce n'était pas une bosse ordinaire, mais plutôt deux prolongations des épaules. Les médecins, selon leur ordinaire, n'y comprenaient absolument rien ; enfin, voyant l'inutilité des remèdes, on débarrassa la pauvre fille de sa cuirasse, et alors il arriva une chose merveilleuse. Des plumes plus blanches que neige commencèrent à pointer sur son dos. Ce que l'on avait pris pour des bosses était tout bonnement des ailes d'ange ; ces ailes se mirent à palpiter et enlevèrent tout doucement Annah dans le Paradis, où l'attendait sa mère; — car c'était elle qu'elle regardait ainsi à travers les plafonds; le désir de s'élancer dans ces bras tendus vers elle du fond des cieux l'avait enlevée de terre. Après cela, mettez des corsets aux jeunes filles.

IX. — Concession aux Béotiens.

L'autre jour, j'allai visiter le Tunnel, bien qu'en général je me soucie assez peu des curiosités. — Quand on est en voyage, il faut bien faire quelque chose pour ses amis. — J'avais déjà été en Angleterre sans éprouver le besoin de voir le Tunnel ; mais à mon retour, les Béotiens de tout sexe et de tout pelage m'avaient tant de fois, abusant de ce signe bossu qu'on nomme point d'interrogation, demandé d'un air méditatif et capable : Avez-vous vu le Tunnel? que je résolus cette fois-ci de m'exécuter courageusement; car rien ne peut peindre le regard de mépris écrasant que les susdits Béotiens laissaient tomber sur moi lorsque je répondais : Non, je n'ai pas vu le Tunnel. — Et Westminster? — Non plus. — Et Saint-Paul? — Encore moins. — Alors qu'avez-vous fait à Londres? — Je me suis promené à travers la ville pour voir des Anglais et surtout des Anglaises, dont on ne trouve la description dans aucun guide du voyageur, — ce qui me paraît aussi intéressant que des pierres posées l'une sur l'autre d'une certaine façon.

Depuis ce temps, ces braves bourgeois me regardent comme un peu fou, me soupçonnent vaguement d'anthropophagie, et, pour plus de sûreté, envoient coucher les enfants quand j'arrive. — J'ai bien peur que cela ne m'empêche de me marier.

X. — Spleen, Enterrement, Tunnel.

C'était le dimanche ; il tombait une pluie fine et pénétrante comme les aiguilles anglaises. — (A propos, je me souviens maintenant d'avoir oublié d'en rapporter quelques paquets en France.) — Le ciel était peut-être plus crotté que la terre, car l'on n'a pas la ressource d'y faire promener les traîneaux-balayeurs ; il faisait un temps de dimanche britannique ; le spleen suintait le long des murs de briques jaunes ; l'ennui descendait tamisé, impalpable comme la poussière du charbon de terre, noircissant l'âme, de même que le charbon noircit le linge; en ces moments-là, l'on désirerait avoir une petite pharmacie portative composée d'opium, d'acide prussique, d'acétate de morphine. La pensée du suicide naît dans les esprits les plus fermes; il n'est pas prudent de jouer avec ses pistolets ou de se pencher sur la balustrade des ponts. Un froid humide vous pénètre jusqu'à la moelle des os; vous vous sentez moisir comme une armoire au rez-de-chaussée; la fumée que vous respirez vous remplit le cerveau de suie, et vous teint les idées en bistre; vous mouchez noir. — Il n'y a qu'une seule ressource, c'est de se griser abominablement, de se faire dans l'estomac un soleil en flamme de punch, et de se composer un climat torride à force de porto, de sherry et de madère; mais il faut être Anglais pour cela, et avoir tété de l'alcool.

J'avais pris un *patent-safety*, espèce de cabriolet bizarre dont le cocher s'établit par derrière, à la place où montent ordinairement les domestiques, et conduit à grandes guides pardessus votre tête. Toutes les boutiques étaient fermées, et une seconde peste semblait avoir frappé la ville. L'on ne voyait guère dans les rues que les enfants de paroisse, revêtus de leur casaque bariolée de bleu et de jaune. Je me trompe, l'on rencontrait aussi des foules de convois, car Londres garde ses morts de la semaine pour les enterrer le dimanche. C'est là le seul divertissement qu'il se permet en ce jour solennel. Les corbillards anglais ressemblent à des tapissières, les croque-morts sont vêtus de longs manteaux de deuil, et portent de grands éventails en plumes d'autruche.

Puisque nous en sommes à ce sujet lugubre, faisons quelques réflexions sur les habitudes funéraires britanniques. A Londres, l'on enterre encore les morts dans les églises, et chaque paroisse a son cimetière, ainsi que cela était à Paris avant la révolution : il est impossible de rien voir de plus nu, de plus aride, de plus triste à l'œil et à l'âme, qu'un cimetière de Londres; c'est à donner envie de vivre. Ni clôture, ni jardins, ni couronnes, ni fleurs; un oubli glacial, un abandon navrant. Les tombes, de pierre noirâtre, gardent, comme les caisses des momies, une vague apparence de corps humain tout à fait lugubre. On sent le mort là-dessous. Comment les Anglais, ce peuple si ami du *home* et du *comfort*, peuvent-ils se résigner à être si mal à leur aise dans l'autre monde? On reconnaît bien là une nation pour qui l'utile est la première pensée : A quoi bon s'occuper des morts qui ne servent à rien et ne rapportent pas d'intérêt?—Il est étrange que ce soit en France, pays léger et frivole par excellence, que la religion des morts soit le mieux observée. Le Père-Lachaise n'a pas son pareil au monde; il n'est pas rare d'y trouver des tombes de dix ans qui ont des fleurs de la veille.

Un jour, en passant près de Westminster, je vis un jeune garçon qui creusait une fosse. Il était dans le trou jusqu'à mi-corps; il avait une tête blonde, bouclée et charmante, et l'animation du travail lui rendait la figure toute rose; il mettait à sa besogne sinistre une activité joviale, chantonnait le *Rule Britannia*, et échangeait des quolibets avec les spectateurs. Parmi la terre brune qu'il jetait derrière lui, il amena un os tout mignon, et qu'à son arqure il était facile de reconnaître pour un fémur de femme. Des enfants s'en emparèrent aussitôt, et se mirent à jouer avec. Les passants allaient et venaient, emportés par le tourbillon de la vie, marchant sur les tombes pour abréger le chemin. Et moi, je songeais à la scène des fossoyeurs d'*Hamlet*, et au grand Shakspeare qui dormait là, tout à côté, à Westminster, dans le coin des poëtes; — car l'Angleterre, il faut lui rendre cette justice, tout industrielle qu'elle soit, a su trouver dans son vaste empire un coin pour les poëtes. — Il est vrai que ce coin est pour les poëtes morts, mais c'est toujours cela. Les rois doivent se trouver bien honorés de reposer à côté de Shakspeare.

Mon *patent-safety* parcourait les petites rues qui longent la Tamise avec cette rapidité qui distingue la locomotion à Londres, lorsque tout à coup il fit un soubresaut violent et manqua de verser. C'était un vaisseau qui, soulevé par la marée, étendait nonchalamment sa guibre à travers la rue. — Un cabriolet accroché par un vaisseau, cela ne se voit qu'à Londres.

Nous arrivâmes enfin au Tunnel, dont l'entrée provisoire n'a rien de monumental à l'extérieur. Cependant, cet immense puits, éclairé par un jour d'en-haut et contourné d'un léger escalier, a quelque chose de grandiose. C'est dans l'intérieur de cet hélice qu'on doit construire les rampes dont les pentes adoucies permettront aux voitures d'arriver au niveau du Tunnel. Notre intention n'est pas de dire combien le Tunnel a de mètres, ni à quelle profondeur il pénètre dans le lit du fleuve; cela se trouve partout : nous dirons seulement notre impression. Au premier abord, ces deux voûtes parallèles et communiquant ensemble par des arcades latérales, n'ont rien qui frappe l'imagination; elles sont peintes en blanc, éclairées au gaz, et ne diffèrent en rien d'un passage ordinaire; il faut un effort d'esprit assez violent pour se représenter que l'on visite un des prodiges de la volonté humaine : aucune forme sensible ne vous traduit cette idée, et vous avez beau vous dire que des vaisseaux à trois ponts voguent à toutes voiles au-dessus de votre tête, vous ne vous sentez pas touché d'une admiration bien vive. Certainement cela est étonnant, miraculeux, prodigieux, mais rien ne vous en avertit. Le moindre morceau de marbre, gardant encore l'empreinte du ciseau de Phidias grec, vous produit une impression bien plus forte de puissance et de grandeur ; et cependant ce qu'il a fallu de peine, de science, de calcul, de persévérance, pour mener cette œuvre à bout, est vraiment fait pour effrayer. Cette galerie, c'est l'existence tout entière d'un grand homme, d'un de ces hauts esprits qui ont la fièvre de l'impossible, la plus noble passion qui puisse brûler un cerveau. — Qu'y manque-t-il donc? Peu de chose : la beauté.

C'est là en général le défaut de toutes les créations de l'industrie, et c'est ce qui explique l'aversion instinctive des poëtes et des artistes pour les merveilles de la civilisation. — Les engins, les machines, et tous les produits des combinaisons mathématiques sont empreints de laideur. — Cela vient d'une chose : ils sont trop récents pour que l'art s'en soit encore occupé. Il leur manque le vêtement de la forme, — l'épiderme, pour ainsi dire : — ce ne sont que des écorchés où les nerfs, les muscles, les veines, les artères, apparaissent tout sanglants dans un enchevêtrement hideux. Si les hommes se promenaient dans la rue leur peau sur le bras, comme le saint Barthélemy du *Jugement dernier* de Michel-Ange, ce ne serait pas un spectacle fort agréable. En admettant la supposition que la vapeur et les chemins de fer eussent été inventés au moyen âge, la cheminée de la locomotive eût été contournée en cou de dragon, la fumée se fût échappée par une gueule à denticules bizarres ; des ailes onglées comme celles des chauves-souris se seraient adaptées au flanc de la machine, sur laquelle les chauffeurs auraient produit l'effet de démons chevauchant un cauchemar, et traînant des néophytes au sabbat. Je faisais cette réflexion l'an passé, en voyant du haut du clocher de Notre-Dame d'Anvers, à la tombée du jour, arriver avec la rapidité d'une flèche, et tout pétillant d'étincelles rouges, le convoi qui venait de Malines.

A propos de tunnel, nous avions lâché, il y a quelques mois, dans un moment de disette, deux *canards* de l'espèce la plus sauvage : l'un, d'une expérience de vitesse faite sur un chemin de fer, qui a été traduit par les journaux anglais, puis retraduit en français, et fait présentement son tour du monde; l'autre, d'un passage traversant la Manche de Calais à Folkstone au moyen d'immenses tuyaux de fonte ajustés bout à bout, et desservis par une machine pneumatique. Un journal britannique annonce qu'un tunnel en tuyaux de fonte se construit sous une rivière quelconque, au nom trop hérissé de w, d'y et de k, pour que nous l'ayons retenu. Seulement le tunnel se complique d'une montagne russe. Sur chaque rive sont élevés deux pavillons; — le tunnel, formé de tuyaux courbes, plonge sous la rivière, et décrit un demi-cercle dont les deux extrémités aboutissent aux plates-formes des pavillons. Des rainures sont ajustées dans la portion inférieure des tuyaux, et, au moyen de chars à roulettes, les passagers sont lancés d'un bord à l'autre, et traversent la rivière sans la moindre fatigue, et avec la plus grande rapidité.

Ce qu'il y a d'effrayant, c'est que tout cela est possible, et sera trouvé parfaitement simple par tout le monde le lendemain de l'exécution. — Qui aurait cru autrefois que l'homme pourrait s'élever en l'air là où ne peut monter l'aile de l'aigle ni du condor; que des vaisseaux marcheraient sans voiles et sans rames, et qu'une chaudière glissant sur des tringles traînerait des milliers de voyageurs?

XI. — Réflexions profondes.

Ce jour-là même, on devait installer le lord-maire, et je crus devoir honorer cette solennité d'une barbe fraîche. Comme la vie ne m'amuse pas tous les jours, et que c'est une action imprudente de se mettre un rasoir si près de la gorge quand on s'ennuie, j'envoyai chercher un barbier.

Il vint tout aussitôt, et je pus faire une comparaison entre le barbier anglais et le barbier espagnol. — C'était un jeune homme blond, blême, mince, vêtu de noir, à l'air compassé, ayant quelque chose de l'apothicaire et du médecin; il fit, en entrant, un salut grave, glacial, raide comme un col empesé, sans me jeter un regard; puis il sortit de sa trousse un tablier blanc qu'il attacha autour de ses reins et releva sur sa poitrine. Cette opération faite, il renversa les poignets de ses manches, ouvrit une boîte, en tira plusieurs rasoirs dont il examina soigneusement le fil; il en choisit un, le passa sur une bande de cuir et fit quelques pas de mon côté. Je ne saurais rendre l'air parfaitement mort et la silencieuse activité de fantôme avec lesquels ce barbier mystérieux remplissait les fonctions de son état. Jusque-là il n'avait pas paru, à l'exception du signe de tête exécuté sur le seuil de la porte, s'apercevoir qu'il y eût quelqu'un dans la chambre; il avait pris toutes ses aises, et s'était mis préalablement dans la position la plus comfortable.

Je n'étais pour lui qu'un accessoire très-insignifiant de ma barbe. Je me demandais en moi-même, à le voir si froid, si pâle, si morne, si ce n'était pas quelque résurrectionniste mal approvisionné qui voulait se procurer un sujet. Aussi, je jetai instinctivement les yeux sur la portion de plancher qui soutenait ma chaise, dans l'idée de m'assurer s'il n'y avait pas là quelque trappe masquée pour me faire tomber dans un caveau avec une large entaille au cou. J'allais changer mon siége de place, lorsque je fis cette réflexion rassurante que, logeant au second, il ne pouvait pas y avoir de souterrain sous mon parquet, et qu'une trappe, en s'ouvrant, me ferait tomber au premier, juste dans le piano d'une jeune et jolie cantatrice. — L'opération terminée, mon barbier se retira comme un spectre, sans remuer les jambes pour marcher, et comme s'il eût glissé dans une coulisse.

Quelle différence entre ce barbier britannique, triste comme le brouillard, et les barbiers espagnols, gais comme le soleil! Quel joyeux caquetage autour de ces grands fauteuils de chêne où se placent les fraters dont les boutiques avoisinent la mosquée à Cordoue! Quel mouvement ils se donnent! Avec quelle agilité ils grimpent sur les bâtons de la chaise pour vous raser par-dessus la tête! Et ce qu'il y a de surprenant, c'est qu'avec leurs rasoirs usés jusqu'au dos et leurs contorsions extravagantes, ils vous enlèvent la barbe d'une façon idéale. Figaro, quoiqu'il ait quitté sa veste à boutons d'argent et sa résille de soie, est encore le premier barbier du monde.

XII. — Venise à Londres.

Un ami officieux nous avait procuré une fenêtre dans la Cité pour voir passer à notre aise le cortége du lord-maire. Par un heureux hasard, le temps était magnifique, et quoiqu'il ne fût encore qu'onze heures du matin, l'on y voyait clair sans bougie et sans gaz. Le cortége tardait à paraître; mais comme c'est déjà un plaisir de regarder une rue où il doit passer quelqu'un ou quelque chose, j'étais accoudé au balcon, examinant toutes ces figures anglaises aux fronts carrés, aux mentons carrés, aux nez carrés, aux yeux carrés, enveloppées de tweeds, de mackintosh, et autres préparations imperméables. — Pour nous autres Français, accoutumés à l'expansion et à la facilité parisiennes, c'est un spectacle surprenant que ce flegme imperturbable, que cet oubli profond du voisin et ce culte du moi qui respirent sur les physionomies anglaises. Personne ne s'occupe de personne; chacun se rend à lui-même les soins les plus touchants; tout individu est à la fois son Dieu et le prêtre de ce Dieu; et il faut avouer, à l'honneur de l'égoïsme, que les Anglais sont sans comparaison plus corrects dans ces détails d'arrangement et d'ajustement que tous les autres peuples; car, ainsi que le dit le vieil adage : Il n'y a pas de meilleur serviteur que le maître.

Quoique la rue fût pleine de monde, on n'entendait pas le moindre bruit; une pareille réunion de Français sur le même lieu aurait produit un bourdonnement perpétuel; un nombre égal de Napolitains aurait donné pour résultat un vacarme effroyable.

Parmi toute cette foule morne, au milieu de ces chapeaux bizarres, à forme écrasée, de ces *qui capit ille facit*, si plaisamment décrits par Méry, je vis s'agiter au loin un rouleau de mousseline blanche et reluire deux prunelles; c'était un pauvre Indien de Calcutta ou de Bénarès, qui vendait je ne sais quel papier relatif à la cérémonie du lord-maire. Il s'approcha de la fenêtre, et je pus le considérer tout à mon aise.

Il était couleur de bronze neuf, et ce ton solide et chaud contrastait énergiquement avec les figures pralinées des Anglais. Le soleil de l'Inde reluisait dans ses yeux mobiles, qui produisaient des effets de noir et de blanc des plus singuliers. Les yeux des Orientaux ont un éclat étrange. Les nôtres sont éteints auprès des leurs, et quand on revient d'un pays méridional dans le nord, il vous semble que les gens soient aveugles, tant leur regard est voilé, incertain, timide. — De temps en temps, l'Indou souriait, montrant ses dents aiguës, d'une blancheur sauvage, et dans ce sourire empreint de la servilité orientale, perçait cependant quelque chose de doucereusement cruel, de voluptueusement perfide, dénotant une race ennemie de la nôtre : c'était bien l'homme d'un pays dont le tigre est le chat, d'une contrée pleine d'idoles aux cent bras, aux nez en trompe d'éléphant, d'arbres prodigieux, de fleurs gigantesques et de poisons violents. Les boucles d'oreille de cuivre qui scintillaient à côté de ses joues tannées, sa longue robe de mousseline, un peu frestelée de crotte par en bas, lui donnaient un air féminin en désharmonie avec la dureté de ses traits, empreints d'une nostalgie évidente.

La présence de ce pauvre Indien au milieu de la Cité de Londres fit faire à ma pensée un saut de quelques mille lieues, et je vis monter dans une brume enflammée des minarets étincelants, des coupoles d'or, des colonnades monstrueuses, et toutes les énormités des illustrations de Daniell. Je regardais passer le rajah de Lahore, assis sur le dos d'un éléphant, à côté de sa maîtresse aux dents peintes en bleu, au front plaqué de feuilles d'or; j'entendais sonner les petits talons des bayadères et tinter les grelots de leurs chevilles. Ramalingam se préparait à souffler avec son nez dans sa flûte de bambou, et Devandasira promenait son pouce fauve sur son tambour de papier de riz. Enfin un mouvement dans la foule annonça l'approche du lord-maire, car tout arrive, même un cortége qu'on attend.

Des constables et des policemen en grande tenue ouvraient la marche, puis suivaient les corporations avec leurs bannières, les enfants des différentes écoles, des députations du corps des marins de la Tamise en costume, des timbaliers et des trompettes à cheval, des détachements de la garde écossaise, tout l'attirail obligé d'un cortége. Mais ce qui donne à la procession un caractère tout particulier, c'est le héraut d'armes de la cité de Londres, vêtu comme au moyen âge, avec un tabard historié du blason d'Angleterre; ce sont des chevaliers couverts de pied en cap d'armures d'or et d'acier, suivis de leurs pages portant la lance et l'écu, qui marchent isolés, de distance en distance, entre les divers pelotons. Cette apparition me surprit, et je levai les yeux pour voir si je n'apercevais pas bleuir au second plan la décoration de la ville de Constantinople, si merveilleusement peinte par ces messieurs de l'Opéra, et la tête chauve de M. Habeneck, se balançant avec un mouvement rhythmique plus majestueux encore que le pigeon poudré de la perruque de Hændel ; car je croyais assister à une représentation *sub jove crudo* de *la Juive* de M. Halevy. C'était bien le cortége de l'empereur Sigismond ; — il n'y manquait que l'honnête Quériau. — Un instant, convaincu de la réalité de ce spectacle, je me crus rajeuni de cinq ou six cents ans et transporté en pleine féodalité ; mais en prenant ma lorgnette je m'aperçus que les nez qui passaient à travers ces visières étaient des nez anglicans, presbytériens, protestants, réformistes ; que des ventres constitutionnels bombaient ces pourpoints mi-partis, et, *proh pudor!* que ce champion à l'air farouche avait des moustaches peintes à l'encre de Chine! car, pour une raison que j'ignore, personne ne porte moustache en Angleterre, et l'absence de cet insigne viril préoccupe dès les premiers jours l'étranger, qui ne peut se rendre compte de la différence de ces visages lisses aux mines hérissées du continent.

Dans de magnifiques voitures dorées, peintes dans le genre rocaille, se prélassaient les aldermen, les différentes autorités et le lord-maire. Il est impossible de rien voir de plus riche, de plus galant et de plus beau que les attelages de ces carrosses, de plus correct que ces cochers énormes, à perruque de laine, à face écarlate, gantés de blanc, galonnés sur toutes les coutures, et fleuris d'énormes bouquets; que ces laquais en bas de soie, dont les mollets tremblent légèrement aux cahots de la voiture. — A travers les larges glaces des portières, on entrevoyait des profils singuliers, des têtes hétéroclites coiffées de bonnets et de perruques fantastiques, insignes de quelque dignité ou de quelque office.

Enfin parut, traîné par six chevaux superbes, dans un carrosse extravagant de sculptures, de dorures et d'ornements contournés, le lord-maire de l'année, l'honorable sir William Magnay. Aux fenêtres de la portière, se tenaient deux graves personnages, vêtus de grandes robes, et portant l'un la couronne, et l'autre l'épée.

A Paris, cette cérémonie, exécutée religieusement, avec l'étiquette d'un autre âge, eût excité chez les badauds, sinon une hilarité ouverte, du moins un sourire ironique, une curiosité inconvenante. — John Bull regardait tout cela d'un air parfaitement débonnaire et paisible. Chose remarquable ! l'Angleterre, malgré son excessive civilisation matérielle, a gardé infiniment plus d'usages féodaux que la France : le moyen âge respire encore et palpite sous le vernis moderne. Chez nous, les polissons suivraient, comme le cortége du bœuf-gras, en poussant le refrain consacré, une promenade semblable à celle du lord-maire dans la Cité.

La procession passée, un mouvement extraordinaire s'opéra tout de suite dans la foule, et tout le monde se mit à courir dans la direction de la Tamise, pour voir l'embarquement du lord-maire au pont de Southwark. Cette course au clocher à pied, car la circulation des voitures était interdite, était des plus curieuses et des plus amusantes. Les femmes essoufflées se faisaient remorquer par leurs cavaliers, le sexe le plus léger étant fort lourd à la course. En prenant par les rues détournées, nous arrivâmes bien avant le cortége au débarcadère du pont de Southwark, où nous attendait notre barque ; voulant suivre le cortége jusqu'au bout, nous nous étions assurés d'un patron.

Le ciel était d'un bleu laiteux presque blanc, rappelant certains reflets d'opale ; un soleil argenté souriait dans des vapeurs d'un rose transparent, qui rendaient la lumière visible en la réfractant. La Tamise miroitait comme une rivière de théâtre lamée de paillons d'étain ; des embarcations de toute forme et de toute grandeur, depuis la gondole vénitienne jusqu'à la pirogue du Hottentot, se croisaient joyeusement en tous sens avec une animation sans pareille. L'Anglais, si morne et si morose à terre, devient tout à coup vif, allègre, jovial, dès qu'il est sur l'eau, de même que certains animaux amphibies, qui, à la vérité, peuvent bien vivre sur le rivage, mais s'y traînent lourdement, l'air empêché et malheureux, et ne jouissent que dans l'élément humide de la liberté et de la franchise de leurs allures.

L'embarcation du *Lord-Maire* rappelle par ses dorures et son château-gaillard, sculpté dans le goût des galères de Della-Bella, le fameux *Bucentaure,* sur lequel le doge de Venise allait autrefois épouser la mer Adriatique. Tout autour de la barque maîtresse, comme des poussins autour d'une poule, se pressait une foule de chaloupes, de felouques, d'yoles et de canots; — les plus importantes de ces embarcations portaient des orchestres de musique qui, à l'arrivée du cortége sur le débarcadère, se mirent à jouer chacun une ouverture différente avec un aplomb sans égal. Il vous est facile d'imaginer l'éclatant charivari que produisaient Rossini, Meyerbeer et Donizetti exécutés en même temps. On n'aurait jamais cru qu'il pût résulter un pareil vacarme de tant d'harmonies.

Mais l'effet baroque ajoutait peut-être par sa discordance à la gaieté de l'ensemble. Le *Lord-Maire*, remorqué par un canot manœuvré par des rameurs en grand costume et la plaque au bras, commence à descendre majestueusement vers le pont de Westminster suivi de sa flottille. Lorsqu'il passa près de notre barque, nous le saluâmes d'une détonation de bouchons de vin de Champagne, et nous bûmes joyeusement à sa santé; après quoi nous jetâmes nos verres dans le sillage de l'embarcation, aux grands applaudissements des barques voisines.

VENISE.

> AMÉLIE.
> Et vers quelle époque étiez-vous à Venise?
> ARTHUR.
> A la fin de 1829.
>
> *Térésa.*

La plus singulière ville du monde à coup sûr c'est Venise, cet Amsterdam de l'Italie. On l'a décrite mille fois, elle est toujours aussi nouvelle. Qui a vu Vicence peut se faire une idée de Padoue; Rome ressemble à Florence, Paris à Londres; Venise ne ressemble qu'à elle. Ce n'est ni une ville gothique ni une ville romaine : c'est quelque chose qu'on ne saurait définir. Cette architecture étrange et fantastique n'a rien de commun avec celle que vous connaissez. Ces belvéders sur le sommet des toits, ces cheminées en forme de colonnes et de tours ; ces grands palais de marbre aux fenêtres en arcades, aux murs bariolés de fresques et de mosaïques, aux frontons hérissés de statues ; ces églises avec leurs clochers de formes si variées, dômes, coupoles, flèches, aiguilles, tourelles, campanilles ; ces ponts aux arches sveltes et hardies tout chargés de sculptures ; ces piazza pavées en marqueterie ; ces canaux qui se croisent en tout sens, doublant dans leur clair miroir les maisons qui les bordent ; ces tentes de toile rayée où se tiennent les marchands ; ces poteaux armoriés qui servent à amarrer les barques des nobles ; ces escaliers dont la mer baigne les dernières marches ; ces embarcations de toutes grandeurs, yachts, felouques, chebecs et gondoles qui filent silencieusement sur l'eau endormie des lagunes ; ces costumes grecs, turcs, arméniens, que le commerce du Levant y attire ; tout cela, en face de l'Adriatique, sous le ciel de Paul Veronèse, forme un spectacle extraordinaire et magnifique que l'on ne peut rendre avec des paroles et qu'on peut à peine imaginer. Canaletti et Bonnington, Daguerre et son Diorama, tout admirables qu'ils sont, restent encore bien au-dessous de la réalité.

Qu'y a-t-il de plus beau au monde que l'aspect de la piazza di S. Marco, en venant du côté de la mer? A gauche, le Palazzo Ducale avec sa façade de marbre rouge et blanc disposés en petits carreaux, sa ceinture de colonnettes, ses trèfles et ses ogives, ses gros piliers trapus dont le fût plonge dans le sol, sa frise crénelée, ses huit portes, son toit de cuivre, ses figures symboliques de Bartolommeo Bono, ses lions ailés, la griffe sur leur livre, son pont des Soupirs, son luxe lourd et sombre, qui le fait à la fois ressembler à une forteresse et à une prison.

A droite, la bibliothèque publique du dessin de Sansovino, avec son double cordon de colonnes et d'arcades, sa balustrade à jour, sa ligne de statues mythologiques, ses enfants nus, soutenant au-dessus de la corniche des feuillages et des festons.

Au milieu, les deux colonnes de granit africain d'une grosseur et d'une hauteur prodigieuses, qui servent de piédestaux, l'une à une statue de saint Théodore, l'autre à un lion ailé de bronze, la tête tournée vers la mer comme pour dénoter qu'il veille à son empire. C'est entre ces deux colonnes qu'ont lieu les exécutions qui se faisaient autrefois sur la piazza di S. Giovanni in Bragola. Le doge Marino Faliero, battu par la tempête, fut forcé de prendre terre en cet endroit le jour de son installation, et cela fut généralement regardé comme de mauvais augure. On sait ce qui en arriva.

Au fond la Chiesa Ducale di S. Marco, le plus étonnant édifice qui se puisse voir. Ce n'est pas une cathédrale gothique, ce n'est pas une mosquée turque, encore moins une métropole grecque, et cependant c'est tout cela. Ses aiguilles et ses pignons évidés à jour sont gothiques; ses trois coupoles de plomb, qu'on prendrait pour des casques, rappellent les mosquées orientales; on est tout surpris d'y voir une croix. Ce grand dôme est antique, ce plein cintre est romain, cette tribune qui fait le tour de l'édifice, ces quatre colonnes qui portent sur une seule, ces cinq arches brodées et fleuronnées sont byzantines ou moresques. C'est un incroyable mélange de pierres, de marbres, de porphyres, de briques, de granits, de mosaïques et de fresques, de dorures et de statues, d'arabesques folles et hardies, de piliers ventrus et de colonnes frêles, qui n'a pas d'exemple au monde et qui n'en saurait avoir. Il faudrait un volume pour décrire l'intérieur ; on dirait une caverne fouillée dans le roc vif avec des stalactites d'or et de pierreries ; les quatre fameux chevaux de bronze caracolent sur le portail.

La Torre dell' Orologio, bâtie en 1496, sur les dessins de Carlo Rinaldi, avec son cadran, qui, outre les heures, marque les mouvements de la lune et du soleil, avec sa madone dorée, ses anges en adoration, son lion sur champ d'azur étoilé, son doge à genoux, sa cloche où deux jacquemars représentant des Mores, frappent l'heure de leurs marteaux au grand réjouissement de la multitude.

Les trois grands étendards, supportés par des piédestaux de bronze d'un travail exquis, d'Alessandro Leopardi, auxquels, les jours de fête, on append trois flammes de soie et d'or qui se déroulent gracieusement, à la brise de la mer.

Le Campanile, tour d'une élévation prodigieuse, à qui tous les clochers de Venise ne vont qu'à la cheville; elle est plus haute que la tour de Bologne et d'Argentine. L'ange de cuivre creux qui lui sert de girouette a quatorze pieds de haut. On y monte par une rampe douce et sans escaliers. Un immense panorama se déploie à vos yeux : un ciel clair et profond vous environne, l'horizon s'étend sans fin devant vos pieds; des côtes plates et des vases d'une teinte cendrée, la mer bleue et transparente forment les bords du cercle; des toits de toutes les couleurs, de toutes les formes, chatoyent au soleil dans le fond du gouffre. Le Palazzo Ducale, la Zuecca, les Procuratorie, la Chiesa di S. Marco se détachent de ces flots de maisons ; le clocher de S. Moisè, l'aiguille rouge de San-Francisco della Vigna, les deux tourelles de San-Jona semblent se hausser pour vous atteindre. Plus loin, la Dogana avance sa pointe ; S.-Giorgo, toute fière de son église de Palladio, de son dôme et de sa tour, se découpe riante et verte dans un archipel de petites îles. Vous voyez les prames, les polacres, les brigantins qui font quarantaine à S. Servolo, ou qui voguent à pleines voiles sur le grand bassin ; les canaux intérieurs, dont vous ne pouvez apercevoir l'eau, coupent de sillons profonds les masses d'architecture groupées aux pieds du Campanile ; du reste, ce tableau est muet. Cette rumeur sourde, ce vagissement d'une grande ville, qu'on entend des tours de Notre-Dame ou du dôme de Saint-Paul, ne frappent pas votre oreille : aucun bruit ne se fait entendre ; Venise en plein jour est plus silencieuse que les autres capitales dans la nuit. Cela tient à l'absence des chevaux et des voitures. Un cheval est un phénomène à Venise. Aussi Byron et ses chevaux, qu'il domptait au

Lido, étaient-ils pour les Vénitiens un grand sujet d'étonnement.

Mais voici le revers de la médaille. Venise est une ville admirable comme musée et comme panorama, et non autrement. Il faut la voir à vol d'oiseau. L'humidité y est extrême ; une odeur fade, dans les chaudes journées d'été, s'élève des lagunes et des vases ; tout y est d'une malpropreté infecte. Ces beaux palais de marbre et d'or, que nous venons de décrire, sont salis par le bas d'une étrange manière ; l'antique Bucentaure lui-même, que les Français ont brûlé pour en avoir la dorure, n'était pas, s'il en faut croire les historiens, plus à l'abri de ces dégoûtantes profanations que les autres édifices publics, malgré les croix et les rispetto dont ils sont couverts. A ces palais s'accrochent, comme un pauvre au manteau d'un riche, d'ignobles masures moisies et lézardées qui penchent l'une vers l'autre, et qui, lassent d'être debout, s'épaulent familièrement aux flancs de granit de leurs voisins. Les rues (car il y a des rues à Venise, bien qu'on n'ait pas l'air de le croire) sont étroites et sombres, avec un dallage qui n'a jamais été refait. Des vieux linges et des matelas sèchent aux fenêtres; quelque figure hâve et fiévreuse se penche pour vous regarder passer. Nul métier bruyant, nulle animation ; quelque rare piéton glisse silencieusement sur les dalles polies. Hors S. Marc, tout est mort : c'est le cadavre d'une ville et rien de plus ; et je ne sais pas pourquoi les faiseurs de libretti et de barcarolles s'obstinent à nous parler de Venise comme d'une ville joyeuse et folle. La chaste épouse de la mer est bien la ville la plus ennuyeuse du monde, ses tableaux et ses palais une fois vus.

Les gondoles, dont ils font tant de belles descriptions, sont des espèces de fiacres d'eau qui ne valent guère mieux que ceux de terre.

C'est un cercueil flottant peint en noir avec une dunette fermée au milieu, un morceau de fer hérissé de cinq à six pointes à la proue et qui ne ressemble pas mal aux chevilles d'un manche de violon. Un seul homme fait marcher cette embarcation avec une rame unique qui lui sert en même temps de gouvernail. Quoique l'extérieur n'en soit pas gai, il se passe quelquefois à l'intérieur des scènes aussi réjouissantes que dans les voitures de deuil après un enterrement.

Les gondoliers sont des marins butors qui mangent des lazagnes et des macaroni, et ne chantent pas du tout de barcarolles.

Quant aux sérénades sous les balcons, aux fêtes sur l'eau, aux bals masqués, aux imbroglios d'opéra-comique, aux maris et aux tuteurs jaloux, aux duels, aux escalades, aux échelles de soie, aux grandes passions à grands coups de poignard, — cela n'existe pas plus là qu'ailleurs.

Voici la manière dont vivent les habitants, j'entends ceux qui ont le moyen de vivre; elle est la plus monotone de la terre. Ils se lèvent à midi, promènent leur désœuvrement par la ville jusqu'à trois heures, dînent fort sobrement, font la sieste, s'habillent et vont au casino jusqu'à neuf heures, puis à l'Opéra, où personne n'écoute, attendu que les Italiens sont le peuple le plus musicien de l'Europe, puis au casino, où ils prennent des glaces, assis tranquillement devant de petites tables, parqués chacun dans leurs cafés respectifs : les nobles avec les nobles, les courtiers avec les courtiers, les juifs avec les juifs, les retirate (femmes sur le retour) avec les retirate, les fringantes (femme à la mode) avec les fringantes, ainsi de suite; car à Venise les classes ne se confondent pas. Tout ce monde attend le jour pour rentrer chez soi et se coucher. Les Italiens n'ont pas le sentiment du foyer; ils ne comprennent pas le bonheur de la maison; ils vivent entièrement dehors.

Les anciens nobles végètent obscurément dans quelque coin de leurs palais, sous les combles, mangeant du macaroni au fromage avec leurs valets, à demi vêtus de guenilles pour ménager leurs habits neufs, ne lisant pas, ne s'occupant de rien. Chaque femme, comme dans tout le reste de l'Italie, a son *cicisbeo* ou *patito* qui l'accompagne à la messe, à l'Opéra, au casino ; cela au vu et au su du mari, qui ne s'en inquiète pas le moindrement du monde, et sert souvent de médiateur dans les querelles qui surviennent entre eux. Parlez-nous après cela de la jalousie italienne. Lire, écrire tant bien que mal, faire un peu de musique, voilà à quoi se réduit l'éducation des femmes. Peu vives et peu spirituelles, elles n'ont aucune ressource pour la conversation. Le sigisbéisme n'est pas aussi immoral au fond qu'il le paraît d'abord : c'est une espèce de mariage de cœur auquel elles sont ordinairement plus fidèles qu'au premier ; il est bien rare qu'on se quitte. Quand il n'y a plus d'amour, l'amitié le remplace ; quand il n'y a plus d'amitié, l'habitude en tient lieu. On ne saurait rien voir de moins romanesque et de plus bourgeois.

Quant à la beauté des femmes italiennes, dont nos jeunes modernes se sont enthousiasmés sur la foi de Byron, elle n'a rien de bien extraordinaire. Malgré la dénomination générale de beau sexe, en Italie comme ailleurs les laides sont en majorité : de grandes tête droites, un peu trop fortes pour le corps, et tout à fait classiques, un coloris mat et sans transparence, la gorge mal faite et la taille épaisse; ce qu'elles ont de plus beau, ce sont les mains et les épaules. Quoi qu'en dise le noble poëte, qui probablement avait ses raisons pour cela, les Anglaises l'emportent sur elles de toutes les manières.

Je ne comprends guère non plus l'admiration de nos gothiques pour cette ville. Il y a très-peu d'ogives; à l'exception du Palazzo Ducale et de Saint-Marc, toutes les fabriques sont de cette architecture que l'on ne fait pas faute ici d'appeler *roccocotte* et perruque. L'ionique y abonde, le corinthien y est en grand honneur, le dorique n'y est pas mal vu; le toscan et le composite se carrent sur toutes les façades, et quelquefois tous ensemble sur la même. Les églises sont inondées de jour, enjolivées de marbre de couleur, enluminées de fresques, l'or y brille de toutes parts : c'est un luxe mondain, une coquetterie profane, toute différente de la majestueuse gravité des cathédrales du moyen âge. Enlevez l'autel, cela aura l'air d'un salon d'une galerie de tableaux. Ces anges seront des amours, cette vierge une Vénus, ces saintes des grâces. La piété des Italiens est toute de surface. Une madone mal peinte aura peu d'adorateurs ; les saints vieux et barbus ne font pas fortune auprès des femmes. Le Saint-Michel du Guide, à Rome, est célèbre par les passions qu'il a inspirées. La plus petite église de Venise est riche en tableaux de grands maîtres. Paul Véronèse, Tintoret, Titien, le vieux Palme, le Fiamingo, le cavalier Liberi, Alessandro Turchi, Aliense, Malombra, Giovanni Bellino, Diamantini, Giambatista da Conegliano, ont tous, plus ou moins, contribué à embellir de leurs pinceaux les dômes, les stanze, les scuole, les cloîtres, les palais et les chapelles. Les sculpteurs ne sont pas non plus restés en arrière. Andrea Riccio de Padoue, Sansovino, Alessandro Vittoria, Bartolommeo Bono, Danese, Nicolo dei Conti, et cent autres, ont couvert de statues et de bas-reliefs tous les monuments publics.

Il y a à Venise cinq cents ponts : celui de

Rialto, d'une seule arche tout de marbre, avec deux rangs de boutiques, et des bas-reliefs représentant des sujets religieux, par Girolama Campagna, est un des plus connus ; beaucoup d'autres ne lui sont pas inférieurs en hardiesse et en élégance. Parmi ses trois cents églises, il y en en a une foule dont on ne parle pas, et qui méritent cependant qu'on en fasse mention : la Madonna dei Miracoli, dont la façade est ornée de porphyre et de serpentine, et où l'on voit l'image de Notre-Dame, sculptée par le célèbre Pirgotèle ; S. Giacomo di Rialto, une des plus anciennes de Venise : il y a cinq autels ; sur le plus grand, fait de marbre blanc, est placée une statue de saint Jacques, par Alessandro Vittoria ; l'autel de saint Antoine est embelli de colonnes de marbre de couleur, et l'image du saint en bronze est de Girolamo Campagna. — S. Rocco. — La statue du saint est de Bartolommeo Bergamasco ; deux autres de saint Sébastien et saint Pantaléon, de Mosca. Le tableau d'autel représentant l'Annonciation a été peint par Francesco Solimeno, de Naples.

Les autres peintures sont de Pordenone, du Tintoret, de Titien, de Vivarini et d'Antonio Fumiani. — S. Geminiano. — La Madalena, Santa-Maria Zobenigo sont dignes d'attirer l'attention de l'artiste et du voyageur. Li SS. Giovanni et Paolo, près la Scuola di S. Marco, possède quinze autels; le principal est un des plus beaux et des plus majestueux de la ville; il est fait de marbre fin, avec un tabernacle élevé sous un arc, porté par dix grandes colonnes, et deux anges sur les côtés, qui ont chacun dans la main une cassette dorée qui contient les reliques de saint Jean et saint Paul. La chapelle de Notre-Dame-du-Rosaire vaut qu'on y fasse attention. L'autel est isolé, avec une coupole soutenue par quatre colonnes de marbre précieux; la statue de la Vierge est d'Alessandro Vittoria; quelques autres, de Girolamo Campagna. Les bronzes de la chapelle de saint Dominique ont été fondus par Mazza, de Bologne. Il faudrait une page rien que pour écrire les noms des artistes célèbres dont on y admire les ouvrages, et des personnages illustres dont les mausolées et les épitaphes couvrent les murs et le pavé.

Le Palazzo Ducale, les Scuole, les palais Grimani, Pisani, Rezzonico et Grani renferment, en tableaux et en statues, d'innombrables richesses, que le défaut d'espace nous empêche de décrire et d'apprécier. Nous ne parlerons donc pas de l'escalier des Géants avec ses deux colosses de Sansovino, des statues d'Adam et Eve d'Andrea Riccio, des deux puits de bronze ornés d'arabesques et de figures, par Niccolo dei Conti, et de toutes les merveilles du Cortile, ni de la gueule de lion, qui, dépouillée maintenant de ses terreurs mystérieuses, ressemble, à s'y tromper, à une boîte aux lettres, ni du Conseil des Dix, ni des seigneurs de la nuit, ni de tout cet attirail des francs-juges et d'inquisiteurs dont la République sérénissime aimait à s'entourer; d'ailleurs la domination autrichienne a remplacé tout cela, et maintenant c'est un officier allemand, un *tedesco*, qui épouse la mer. Et pourtant rien n'est changé à Venise; car c'est une chose digne de remarque :

en Italie, on n'a rien bâti depuis trois cents ans ; elle a conservé sa physionomie du quinzième siècle ; pas une construction nouvelle ne vient faire dissonance. Ce luxe des habitations fait un singulier contraste avec la misère des habitants. Ce sont des résidences royales occupées par des gueux. C'est comme si une famille ruinée était forcée, faute de se pouvoir loger ailleurs, de garder la maison de ses pères jadis riches, et de courir en guenilles et nu-pieds par les beaux appartements dorés et couverts de tableaux. Le comfort est ce qui manque absolument à Venise, ville bâtie dans un autre temps, pour d'autres mœurs et d'autres usages. Les mœurs et les usages s'en sont allés ; la ville reste ; et ceux qui y sont n'ont pas de quoi la refaire. Venise maintenant n'est plus qu'une admirable décoration, un beau sujet de diorama ; tout y est sacrifié à l'extérieur.

Artistes ! pendant qu'elle est encore debout, et dans quelque temps d'ici ce ne sera plus qu'une ruine immense au milieu d'un marais méphitique, praticable tout au plus pour les poissons, allez, copiez-moi toutes ces façades, dessinez ces statues, faites des croquis d'après ces tableaux; puis, quand votre mémoire sera pleine, et votre album couvert d'un bout à l'autre, si vous voulez garder votre illusion, suivez mon avis, partez vite, partez vite, et ne revenez plus, et vous croirez avoir fait un beau rêve!

VOYAGE HORS BARRIÈRES.

MONTFAUCON.

Avant de commencer, nous prierons nos lectrices de se munir d'un flacon de sels d'Angleterre, d'imbiber leur mouchoir de vinaigre des quatre-voleurs, et de poser sur un guéridon, à côté d'elles, une soucoupe pleine de chlorure désinfectant de Labarraque ; en outre, quand elles auront achevé notre article, si la délicatesse de leurs nerfs et de leur odorat leur permet d'aller jusqu'au bout, nous leur conseillons de lire quelques pages musquées de Dorat, et quelques lettres de Dumoustier, sur la mythologie, cela les remettra tout à fait. D'ailleurs, les paroles ne puent pas, c'est le proverbe qui le dit.

Quoique nous ayons à décrire des objets plus rebelles au beau style que les carottes et les épingles, qui coûtaient cependant quatre vers à la muse grande dame de M. Delille, nous serons sincère dans nos peintures, et nous poursuivrons la vérité jusqu'à l'ignoble; nous n'emploierons la périphrase qu'à la dernière extrémité. Il ne faut voir en ceci qu'un tableau de genre à la manière de Vélasquez ou de Van-Ostade, représentant une triperie et une poissonnerie; une débauche de couleur espagnole et flamande; quelque chose dans le goût de *l'Opitalle des chiens galeux*, par Decamps, et non autre chose; nous avons assez hautement célébré la divinité du marbre et la blancheur sereine des belles statues grecques, pour qu'on nous pardonne cette excursion ultra-pittoresque et romantique.

Ceci posé, commençons courageusement et sans faire la petite bouche.

Après avoir fait quelques pas sur la route de Pantin, un chemin se présente à la droite des promeneurs. C'est celui-là qu'il faut suivre; c'est la spirale infecte qui, à travers mille horribles détours, vous conduira au dernier cercle de cet enfer nauséabond.

Des ornières où les roues des charrettes plongent jusqu'au moyeu, sillonnent cette chaussée défoncée par les pluies, et qui est plus impraticable qu'un chemin de Bretagne ou d'Afrique.

A mesure qu'on avance, la physionomie du paysage devient étrange et sauvage; la végétation disparaît complétement, il n'y a pas un seul arbre, un seul arbuste dans tout ce rayon, pas un bouton d'or, pas une herbe, pas un brin de folle-avoine; la terre, brûlée par des sels corrosifs, dévore les germes que le vent y sème et ne peut rien produire; les oiseaux évitent de passer au-dessus de cet Averne, bien plus méphitique que celui dont parle Virgile.

Pour ôter toute fuite au regard et le concentrer dans ce lieu d'horreur, l'horizon est fermé par des collines chauves, pelées, accroupies au bord du ciel en toutes sortes d'attitudes gauches et difformes ; leurs épaules bossues, leurs mamelons ridés sont couverts d'une lèpre de mousse glauque d'une aridité désolante ; la glaise verdâtre comme une chair qui commence à pourrir, l'ocre aux teintes rousses pareilles à du sang extravasé, la craie et le tuf, avec leur blancheur d'ossements, zèbrent affreusement leurs flancs décharnés : on dirait des cadavres de collines dépouillées de leur peau de terre végétale, et jetées là par la main de quelque *écorcheur* gigantesque ; digne encadrement aux scènes que nous avons à décrire.

Un ciel hâve, plombé comme le teint d'un fiévreux de la Maremme, alourdi par les miasmes délétères qui montent de toutes parts, et si bas, qu'il semble prêt à trébucher sur votre tête, recouvre cette misère et cette désolation de sa coupole enfumée. Des nuages épais fouettés par une bise aigre et stridente rampent péniblement sur la ligne de l'horizon, et montrent au-dessus des collines leurs mufles bouffis, comme des phoques monstrueux qui sortent de la mer; les fours à chaux barbouillent de leur traînée de fumée blanche les tons vineux des lointains, et les tuyaux noirs des usines crachent en l'air la vapeur des chaudières avec un râle asthmatique et des hoquets de cachalot trop repu.

Mais tout ceci n'est que roses; encore quelques pas, et vous en verrez bien d'autres. Cette barraque tigrée de boue et de sang, avec ses tas d'os mal dépouillés, ses chaudières noires et grasses où l'on cuisine d'abominables mixtures, vous paraîtra un riant ermitage, une blanche villa, une retraite souhaitable; du misérable, vous allez passer au fétide, du fétide à l'horrible; vous n'avez encore les pieds que dans la boue, tout à l'heure vous les aurez dans le fumier, puis dans le sang et la sanie.

Ceux à qui l'odeur d'une tubéreuse donne la migraine, et dont le cœur vient facilement aux lèvres, feront bien de ne pas dépasser ce bouge où l'on fabrique de la colle de *poisson* avec des pieds de bœuf. — Poursuivons.

Nous ne serons pas plus pudique que l'enseigne de cette grande maison délabrée qui s'élève à la gauche du sentier que nous suivons : nous sommes dans une fabrique de *poudrette*; des femmes, des enfants, petits garçons et petites filles, vannent, bluttent, tamisent la précieuse poudre, qui a la couleur mais non le parfum du tabac d'Espagne; ils n'ont pas l'air de soupçonner qu'ils manient quelque chose de fort dégoûtant, car ils quittent leur ouvrage, prennent un morceau de pain, mordent dedans, se remettent à travailler, puis recommencent à manger sans la moindre ablution préalable ; dans les repos, tout le monde s'épluche à l'espagnole avec la plus touchante réciprocité; nous avons remarqué que la plupart des enfants étaient de ce blond albinos qui nous avait déjà frappé chez les petits polissons belges qui font la roue devant les diligences.

Tout est passé avec un soin minutieux, car il paraît que l'on trouve là dedans de l'argent, de l'or, des montres et autres objets précieux; *margaritas in stercore.*

Trois ou quatre étangs d'un liquide inqualifiable et couverts de pellicules jaunâtres comme le plomb en fusion, reluisent au soleil et souillent le ciel qu'ils réfléchissent confusément.

Ces étangs baignent de leurs ondes épaisses, que le vent peut à peine rider, une chaussée de pierres et de madriers, du haut de laquelle les voitures épanchent leur immonde chargement; la putridité de l'air est telle à cet endroit, que l'argent noircit dans les poches, et que la couleur se plombe sur les volets.

Ainsi, l'enseigne de l'auberge du *Superbe Cheval blanc*, qui devrait représenter au moins un cheval blanc, sinon un cheval superbe, ne représente qu'un quadrupède lilas-clair sans prototype dans la création. Cette enseigne est cruellement épigrammatique pour les pauvres animaux qui se traînent à la mort sur trois jambes avec des sabots désemparés, le dos pelé à vif, la croupe pommelée d'écorchures, l'œil déjà bleuâtre et vitreux, et qui passent par longues files devant l'insultante auberge qu'ils ne reverront plus.

Au bout de cette chaussée, qui laisse échapper par des écluses et des batardeaux à moitié levés, des cascatelles de fange liquide marbrée de longues veines de sang, vous apercevez un pâté de maisons borgnes, chassieuses, rechignées, avec des physionomies scrofuleuses et patibulaires : c'est Montfaucon, l'ancien gibet où tant de squelettes se sont balancés au vent, *plus piqués que dez à coudre,* comme dit Villon ; une tuerie qui a pour fondations un gibet, on ne peut rien exiger de plus en fait d'horreur et de sinistre !

Une cour enclose de murs peu élevés sert d'antichambre à la tuerie. Quand nous nous y présentâmes, trois ou quatre dogues, gras comme des chiens de dévote, le col luisant, les flancs rebondis, dormaient, à côté de la porte, dans une torpeur digestive pleine de béatitude ; seulement, de temps à autre, ils ouvraient à demi leurs yeux rouges, et remuaient la peau noire de leurs babines plissées, avec un tic nerveux assez inquiétant ; mais un des équarisseurs, nous voyant hésiter sur le seuil, nous dit que ces intéressantes bêtes ne mangeaient pas d'homme, préférant le cheval (qui est meilleur, à ce qu'il paraît), et que nous pouvions entrer sans crainte. Nous entrâmes donc, fort contents d'être regardé comme une viande médiocre par ces redoutables molosses. Des carcasses saigneuses où pendaient encore des lambeaux de viande, étaient empilées par centaines dans les coins de ce cloaque fourmillant de putréfaction. Les murs disparaissaient sous de larges glacis de sang coagulé; la pluie, la boue, le fiel, la sanie, les avaient diaprés de tant de couleurs, qu'il eût été impossible d'en reconnaître l'enduit primitif; pour un coloriste, ce sont les murs les plus croustillants du monde, un plâtre éraillé, égratigné, qui s'exfolie, qui se crevasse, qui se lézarde, où la moisissure cotonne en peluche bleuâtre, où la froideur du blanc est réchauffée de tons si blonds, si roux, si allumés; quelle trouvaille, quel bonheur! Quant à nous, qui comprenons cependant toutes les furies de l'art, nous avouons que nous avons regretté *le jaune-serin* et *le café au lait*, ordinaire objet de nos diatribes les plus amères.

Un ouvrier ou peut-être une ouvrière, car beaucoup de femmes travaillent à la voirie habillées en hommes, écorchait un cheval; la peau était déjà presque à moitié détachée, et la chair luisait au soleil sous sa moiteur sanglante. On ne peut rien imaginer de plus splendide en fait de couleur : c'étaient des tons nacrés, roses, laqueux, violets, bleu de ciel, vert-pomme, argentés comme le plus beau et le plus riche coquillage exotique. Un coq lustré, vernissé, de la plus triomphante mine, se tenait de bout sur la carcasse qu'il picotait du bec avec un air de grand appétit; d'autres charognes gonflées, hydropiques, et ressemblant fort aux chevaux des jeux de bague, jonchaient le reste du pavé.

Le facétieux équarrisseur nous demanda si nous voulions qu'on nous tuât un ou deux chevaux pour nous divertir; cela nous fit penser à Thomas Diafoirus, qui invite sa future Angélique au régal d'une dissection. Mais, moins dégoûtés qu'Angélique, après quelque hésitation, nous acceptâmes.

Les chevaux condamnés attendent leur sort

dans une écurie sans râtelier. Le râtelier est inutile : à quoi bon faire manger aujourd'hui ceux qui doivent mourir demain ? On en prit un maigre, efflanqué, décrépit, on le plaça sur une dalle, les yeux bandés par une courroie, et l'équarrisseur le frappa sur le front d'un marteau de fer assez petit, mais adapté à un long manche aussi de fer ; l'animal tomba sur le côté, d'une seule pièce, sans tressaillement, sans convulsions, sans la moindre agitation nerveuse qui trahit la souffrance : on ne l'avait pas tué, on lui avait escamoté la vie, et cela si prestement, si adroitement, qu'il ne s'en était pas aperçu ; ensuite on lui plongea un couteau dans la gorge, et le sang coula écarlate d'abord, puis violet, puis noir.

Cette galanterie terminée, l'équarrisseur, homme de manières exquises, et qui ne serait déplacé dans aucun raout fashionable, nous pria gracieusement de passer dans le salon des chats : nous grimpâmes par un escalier calleux et bossué dans le salon de messieurs les chats ; il y avait plus de quatre cents peaux bourrées de paille suspendues au plafond, et gambadant au gré de tous les zéphyrs (si les zéphyrs se hasardent à Montfaucon); les corps de ces peaux étaient rangés sur des planches comme les saucisses aux devantures des charcutiers ou les paquets de bougies de l'étoile, une couche en travers, une couche en long; cet aspect nous a rempli de commisération pour les mangeurs de gibelottes de la banlieue.

Le salon des chiens ressemble fort à celui des chats et n'a rien de particulier, sinon qu'on y met aussi les ânons et les petits chevaux qui ne sont pas venus à terme.

Il nous restait à voir l'endroit le plus *pittoresque*, selon l'expression de notre ami l'équarrisseur, c'est-à-dire la mare de sang caillé où les pêcheurs et les marchands d'*asticots* (pardon, Mesdames...) vont s'approvisionner. Cette fourmillante denrée se vend au litre comme les petits pois; on dirait du blé vivant; l'infection de ce cloaque spécial est sensible à travers les miasmes méphitiques de la poudrette et de la tuerie; ce qui n'est pas peu dire.

L'équarisseur, qui nous avait montré toutes ces charogneuses merveilles, pour nous initier complétement à la vie de Montfaucon, nous offrit quelques grillades de cheval qu'il avait fait préparer pour son déjeuner; et comme je l'en remerciais au nom de la compagnie, en lui disant que j'en avais mangé suffisamment chez les restaurateurs de Paris, il me répondit avec un sourire ironique : — Monsieur, vous vous êtes *flatté* d'avoir mangé du cheval, parce qu'on vous servait de mauvais bœuf, ce qui n'est pas la même chose; la chair du cheval est fine, savoureuse, tendre et d'excellent goût, bien supérieure à la viande de boucherie; toutes les fois que vous mangez un beefsteak meilleur qu'à l'ordinaire, croyez que c'est du cheval, et vous serez dans le vrai. — Ce paradoxal équarisseur nous a jeté en de bien grandes perplexités, et nos opinions à l'endroit de la viande tendre et de la viande coriace sont singulièrement dérangées.

Les chiens, du reste, sont de l'avis de l'ingénieux équarisseur et préfèrent le cheval à toute autre pâture ; ils viennent de fort loin chercher leur pitance ; les maîtres leur fourrent deux sous dans la gueule et leur donnent un coup de pied au derrière ; les chiens, sentant l'importance de ce qu'ils portent, tiennent tout le long du chemin les mâchoires strictement fermées et n'aboieraient pas pour un empire, de peur de perdre la bienheureuse pièce qu'ils ne lâchent que dans la main de l'homme qui coupe les portions. Avant cela, vous les roueriez de coups, que vous ne parviendriez pas à vous faire mordre, quoique ces messieurs soient ordinairement d'humeur peu endurante ; l'on fait un trou dans le morceau de charogne qui leur revient, puis on le leur passe au col en manière de collier. Jusque-là tout va bien ; mais il faut sortir : et la sortie de Montfaucon est aussi fréquentée que la descente du grand escalier de l'Opéra. Les chiens qui n'ont pas le sol, peu aisés ou qui ont éprouvé des malheurs, ceux qui servent des maîtres avares ou qui appartiennent à des poëtes, font la haie des deux côtés de la porte et attendent que les dogues opulents, les matadors, les gros bonnets de la chiennerie, sortent avec leur cordon rouge de mou de cheval ; mais ceux-ci, qui savent qu'ils sont guettés, s'élancent de la cour au quadruple galop pour ne pas être happés au passage par toutes ces gueules affamées et béantes. Deux ou trois des chiens nécessiteux se détachent de la haie et donnent la chasse au richard, qu'ils rattrapent assez souvent, étant plus légers et plus prompts à cause de leur maigreur ; alors ce sont des batailles à faire pâlir celles des héros d'Homère, des aboiements sur toutes les gammes, des luttes désespérées pour savoir à qui restera le précieux morceau.

L'on a vu un dogue de forte taille faire une lieue ventre à terre, avec deux chiens plus petits suspendus par la mâchoire à sa fraise de viande, et rentrer ainsi chargé dans la cour de son logis, où quelques coups de fouet le débarrassèrent de ses étranges pendants d'oreille. Cette histoire se conte à Montfaucon, et fait beaucoup rire les garçons du combat. Nous souhaitons qu'elle ne vous ennuie pas trop, c'est de l'esprit du crû. Maintenant nous en avons fini avec toutes ces horreurs,

> Versons-nous sur la tête, ainsi qu'un flot lustral,
> Un flacon tout entier d'huile de Portugal,

et demandons bien pardon à nos lectrices du crime de lèse-odorat que nous venons de commettre; puissent les Vénus et les Cupidons ne pas nous en vouloir !

LA VILLE DES RATS.

Un grand péril nous menace; notre existence pend à un cheveu. — D'un moment à l'autre, nous pouvons être mangés tous vifs, et nous reveiller le matin parfaitement débarrassés d'yeux, de peau, de graisse, de chair, avec des os nettoyés, blanchis, brossés, prêts à recevoir des chevilles et des charnières de cuivre pour aller figurer dans l'armoire vitrée d'un cabinet anatomique.

Voilà notre position...

Et pourtant l'on continue à se promener sur le boulevard de Gand, à boire du porter, à prendre des glaces chez Tortoni, à ne pas aller au Gymnase, à lire les feuilletons de Karr et les histoires de Méry. — Les journaux *quotidiens* paraissent *tous les jours*, et les journaux hebdomadaires ne paraissent jamais. Les tigresses et les lions se pavanent aux avant-scènes, comme de coutume ; rien n'est changé dans la vie parisienne ; personne ne semble avoir la conscience de sa mort future.

Plus insouciants que les Napolitains, qui dansent sur le bord du volcan, nous nous abandonnons au flot des voluptés mondaines, sans penser un instant que nous sommes exposés au sort de Ladislas, roi de Pologne, qui fut dévoré par les rats, ainsi qu'on le peut voir au livre des histoires prodigieuses.

La cinquième plaie d'Égypte va tomber un de ces jours sur nous.

Le Vésuve est près de Naples, mais Montfaucon est près de Paris. — La Babylone moderne ne sera pas foudroyée comme la tour de Lylacq, submergée comme la Pentapole par un lac de bitume (Dez-Maurel et Cie), ni ensablée comme Thèbes ; elle sera tout simplement dépeuplée et détruite de fond en comble par les rats de Montfaucon.

Des légions innombrables de rats vont descendre en noires colonnes sur Paris, miner les fondations des bâtiments, et les faire écrouler sur les rares habitants qu'ils n'auront pas encore dévorés.

Cette terrible invasion arrivera le jour où l'on transportera la voirie dans son palais de la plaine des Vertus ; alors auront lieu dans Paris des *anthropomyomachies* dignes d'un nouvel Homère. Tous ces rats, plus sensuels que le rat d'Horace, qui font à Montfaucon des déjeuners de Balthazar, comme dit Bilboquet, manquant soudain de pâture, viendront à Paris manger de l'homme à défaut de cheval.

Le rats de Montfaucon ne sont point des rats ordinaires ; l'abondance et la qualité de la nourriture les a développés prodigieusement ; ce sont des rats herculéens, énormes, gros comme des éléphants, féroces comme des tigres, avec des dents d'acier et des griffes de fer ; des rats qui ne font qu'une bouchée d'un chat ou tout au plus deux ; les champs qu'ils traversent sont terrassés et battus comme s'il y avait passé une armée avec artillerie, bagages, caissons et forges de campagne ; la glaise qu'ils emportent avec leurs pattes donne à ces sentiers une couleur verdâtre qui les fait distinguer des autres chemins : ces routes, aussi unies que si elles étaient macadamisées, aboutissent à des ratopolis souterraines, à d'immenses terriers où fourmillent d'innombrables populations rongeantes et dévorantes.

Si, par malheur, un ivrogne attardé s'endormait près d'une de ces villes de rats, le lendemain, il ne resterait de lui que ses dents et les clous de ses souliers : aussi les habitants de l'endroit se veillent-ils les uns les autres, et ne dorment-ils que chacun à leur tour, sans cela les rats viendraient leur grignotter les pieds pendant la nuit et leur ronger les tendons ; aucune bâtisse un peu solide n'est possible sur ce terrain fouillé, bouleversé, miné, contreminé par ces formidables animaux; en moins de rien, les fondations d'une maison sont criblées de trous comme des planches à bouteilles ou des truelles à poisson : on se couche avec quatre murs, et le matin, il y en a trois de fondus, la fenêtre du premier étage se trouve au niveau du rez-de-chaussée, et vous peut servir de porte; pour obvier à ce désagrément, on ne bâtit que sur un lit de tessons de bouteilles, où messieurs les rats se coupent les babines et se déchirent les pattes.

De temps à autre, vingt ou trente pieds de colline s'écroulent et font ce que les habitants appellent un coup de cloche; tant pis pour ceux qui sont dessous ; — ceux qui sont dessus n'ont pas une position beaucoup plus agréable. —C'est encore l'ouvrage de ces messieurs.

La croûte extérieure ne tient que par les racines des plantes. La couche intérieure est déchiquetée et vermiculée comme un polypier marin. — Quand la voirie sera déplacée, ce joli travail s'exécutera sous Paris, qui a déjà bien assez de catacombes.

On a essayé tous les moyens pour détruire cette vermine, mais inutilement, — Les rats ont la vie dure ; l'arsenic, la *mort aux rats* ne fait que leur tenir le ventre libre et leur exciter l'appétit. Ainsi purgés, ils mangent davantage et vivent plus longtemps. — Les souricières sont un artifice mesquin, bon pour les rats isolés qui se laissent prendre au maigre appât d'un morceau de lard rance ; il faudrait faire une levée de cinquante à soixante mille chats bien vigoureux et bien disciplinés pour pouvoir lutter avec eux, sans trop de désavantage ; mais les rats détruits ou diminués, comment se débarrasser des chats? — *That is questions.*

En attendant qu'ils nous dévorent, décrivons leurs mœurs et leurs goûts ; — bientôt il ne sera plus temps. — L'endroit recherché et délicat, le fin morceau, le *sot-l'y-laisse* de ces gastronomes trotte-menu, c'est l'œil du cheval, — Aussitôt qu'un cheval est abattu, les rats accourent en faisant remuer leur groin vergeté de longues moustaches, en frétillant de la queue, en frottant leur patte contre leur nez avec tous les signes d'une profonde jubilation. — Les chefs de la troupe, les plus considérables de la société, attaquent les yeux, les trouent, fendent la cornée et vident l'orbite, jusqu'à ce qu'il aient atteint à une petite pelote de graisse qui tapisse le fond de la cavité. — Cette friandise équivaut, pour un rat gourmand, à ce que ce serait pour nous une perdrix truffée ou une terrine de Nérac. — Il est sans exemple, tant ce mets est recherché, qu'un cheval ait conservé les yeux après avoir passé une nuit dans un des clos.

S'il ne se trouve pas de graisse à cet endroit, vous en chercheriez en vain une demi-once sur tout le corps de l'animal : — les rats le savent parfaitement bien, et quand ils ne rencontrent pas la pelote cherchée dans le creux de l'orbite, ils abandonnent la carcasse et vont en essayer une autre.

Ce goût des rats pour les yeux est partagé par les corbeaux et les autres oiseaux de proie. C'est toujours par là qu'ils entament les charognes et les corps morts.

Dans les hivers rigoureux, les cadavres des

chevaux surpris par la gelée prennent la rigidité et la consistance du bois, de sorte qu'il est impossible d'en détacher la peau. Il faut donc les laisser sur place, avec leurs quatre pieds tendus en piquets, leur ventre gonflé et leur raideur de chevaux de carton, jusqu'à ce que l'adoucissement de la température permette de les travailler et de les équarrir. — Les rats, animaux frileux de leur nature, ne pouvant plus d'ailleurs se nourrir avec les chairs durcies par la gelée, choisissent un cheval de belle apparence pour en faire leur logis. — Si l'animal a été saigné au col, ils entrent par la blessure, sinon ils pénètrent par l'orifice opposé. Une fois entrés, ils nettoient leur demeure du mieux qu'ils peuvent, et la rendent tout à fait confortable; les boyaux leur servent de corridors et de couloirs de communication, le salon est établi dans les grandes cavités abdominales; les chambres à coucher et les cabinets de toilette dans les interstices des côtes et lieux circonvoisins. — Ils sont d'abord fort à l'étroit, mais leur logis s'agrandit tous les jours; le cœur, le foie et les poumons dévorés leur font deux ou trois pièces de plus. — Ils vivent là bien plus à l'aise que le rat de La Fontaine, dans son fromage de Hollande ; ils mangent, ils évident, ils creusent en prenant le plus grand soin de ne pas entamer ni piquer la peau, de peur de donner passage à l'air extérieur, car les rats craignent beaucoup les vents coulis et redoutent par-dessus toutes choses d'attraper des fluxions ou des rhumes de cerveau. — Quand vient le dégel, il ne reste du cheval qu'un squelette enveloppé d'une peau ; cette peau sonne comme un tambour, et le squelette est aussi bien préparé qu'il pourrait l'être par l'anatomiste le plus habile du Jardin des Plantes et de l'école d'Alfort.

Cette sensuelle précaution est d'autant plus remarquable, qu'en été ils ne se font aucun scrupule de percer et de ronger le cuir ; leur férocité est tellement grande qu'ils se battent et se dévorent entre eux comme des hommes. — Dès qu'un rat blessé exprime la douleur par des glapissements, ses parents et ses amis accourent aussitôt, se jettent sur lui et l'achèvent. —

Rien ne paraît les contrarier comme les cris et les plaintes. Tout rat qui piaille hors de propos est mis à mort sur-le-champ.

Les amateurs du *Sport* envoient souvent chercher des rats à Montfaucon, pour les faire servir au divertissement tout à fait britannique que nous allons raconter :

On enferme dans des cages de bois, entourées de treillis à mailles fines, deux épagneuls ou deux *pointers* avec six ou huit douzaines de rats. —Les chiens doivent étrangler tous les rats dans un temps marqué, sans se reprendre, c'est-à-dire, en ne donnant qu'un coup de croc à chacun.—Celui qui a fini le premier est proclamé vainqueur, et les gens qui ont parié pour lui empochent les enjeux, qui sont souvent très-considérables.

C'est un spectacle fort bouffon que celui de ce chien impassible au milieu de cette fourmilière de rats éperdus, qui se démènent et poussent des cris affreux ; ils vont, ils viennent, ils grimpent après les treillages, ils se pendent aux babines de leur ennemi, qui balance la tête, et cogne leurs grappes noires contre les barreaux de la cage pour se débarrasser et leur faire lâcher prise ; en quelques minutes tout est exterminé, tant est grande l'adresse des chiens élevés à cet exercice. Mais ce qu'il y a de plus extraordinaire dans tout ceci, c'est que les domestiques chargés d'apporter les rats de Montfaucon à Paris, sont obligés de mettre dans leurs caisses deux ou trois douzaines supplémentaires pour avoir le compte en arrivant chez leurs maîtres ; car ils se mangent en route, et l'on ne trouverait plus que les queues à l'ouverture de la boîte : ceci paraît peu croyable, rien n'est pourtant plus vrai. — M. Magendie ayant été prendre lui-même douze rats à la voirie pour faire quelques expériences, n'en rapporta chez lui que trois vivants prodigieusement gonflés et distendus. Il ne restait des autres que les griffes, les dents, et quelques débris.

O rats myophages ! n'avez-vous donc pas honte de faire mentir les vers de Boileau, où il est dit que l'on ne voit point les animaux se déchirer entre eux !

—A combien évaluer le nombre de ces formidables rongeurs? Les uns disent cent mille, les autres deux cents, ceux-là vingt mille seulement, ce qui est peu probable : il est fort difficile d'avoir un chiffre juste. Mais, d'après la quantité de chair dévorée, l'état du terrain entièrement bouleversé, les chasses générales et particulières, qui n'ont jamais eu d'effet sensible, l'extrême fécondité des mères-rates, qui ne font pas moins de quinze à dix-huit petits, on doit supposer un nombre exorbitant.

— Voici comme se pratiquent les grandes chasses :

Il y a dans Montfaucon un clos exactement entouré de murailles : dans ces murailles sont pratiquées des espèces de chatières, des barbacanes espacées régulièrement : on fait abattre dans l'enceinte trois ou quatre chevaux bien gras; la nuit tombée, les rats entrent par les chatières et commencent leur festin. Quand on pense que la frérie est en bon train, que l'orgie est au plus haut degré d'effervescence, on arrive à pas de loup, on bouche les trous avec des tampons; puis on pénètre dans le clos par dessus les murailles avec des échelles, des torches, des bâtons, des bottes fortes et une vingtaine de chiens.

Alors le carnage commence: à coups de pieds, à coups de bâton, à coups de dents. Les chiens aboient, les rats poussent leur glapissement à la fois lâche et féroce; les plus déterminés tâchent de gravir au long des murs, et de se sauver ainsi, mais on les poursuit avec la flamme des torches; à moitié grillés, il sont bien forcés de quitter les aspérités auxquelles ils se cramponnent, et de tomber, tout roussis et tout flambés, dans les gueules béantes qui les attendent en bas.

Dans l'espace d'un mois, l'on en a tué 16,050; 9,101 en quatre chasses, 2,650 en une seule fois. — Un équarrisseur nous a dit en avoir pris cinq mille cet hiver dans un trou qui se trouve à l'angle de l'écurie et qu'il avait garni d'une espèce de nasse; ces grands massacres ne font pas le moindre effet. — Les amateurs en tuent aussi beaucoup avec des sarbacanes dans lesquelles ils soufflent fortement un petit dard empenné d'un flocon de laine rouge; les rats blessés se sauvant avec leur banderille plantée dans le dos en manière d'oriflamme, ont une mine fort héroïque. On les asphyxie encore dans leurs terriers en y poussant, au moyen d'un fourneau et d'un soufflet, de la vapeur de soufre. Mais ils n'en pullulent pas moins, et deviennent tous les jours de plus en plus nombreux; ainsi, il faut nous résigner à notre sort et nous accoutumer à l'idée d'être dévoré prochainement :

Lo que ha de ser, non puede faltar.

LA BARRIÈRE DU COMBAT.

Dans un roman de Walter Scott, *le Château de Kenilworth*, si nous avons bonne mémoire, est esquissée la plaisante figure d'un propriétaire d'ours et de bouledogues, qui se plaint à la reine Elisabeth du tort que font à son spectacle les pièces de théâtre d'un certain drôle nommé Shakspeare, qui corrompt l'esprit de la jeunesse anglaise par toute sortes de billevesées et d'inventions romanesques ; les plaintes de ce bonhomme sur ce que le brave jeu de l'ours et du bouledogue, ce plaisir si foncièrement britannique, n'est plus aussi suivi et aussi goûté qu'autrefois, sont tout à fait touchantes et prises sur nature. La digne maîtresse de l'établissement de la barrière du Combat nous a rappelé les doléances du vieil Anglais; il est vrai que, ne pouvant s'en prendre à aucun Shakspeare de la diminution de sa clientèle, elle accuse la révolution de juillet et le choléra : le peuple préfère les mélodrames du boulevard aux escarmouches innocentes de la barrière du Combat, et les hurlements des acteurs aux abois des chiens. Est-ce un progrès? — Nous sommes de l'avis du bon montreur d'ours, et nous en doutons.

Le spectacle du Combat est un plaisir plus sain et moins énervant que celui du théâtre qui agit sur l'imagination, et qui trouble les têtes faibles par des maximes immorales et des raisonnements dangereux ; dangereux en eux-mêmes, ou parce qu'ils sont mal compris, ce qui est la même chose; on ne pense pas assez aux ramifications étranges et difformes que pousse une idée indifférente d'ailleurs, dans un cerveau mal fait; et quelle mandragore hideusement tortillée il peut naître d'une graine de violette ou de rose tombée sur un mauvais terrain! Quant au reproche de barbarie, il est peu ou point fondé; du reste, nous préférerions un peu de rudesse et de franche grossièreté, à l'exaltation romanesque et à la mollesse fiévreuse entretenue par la littérature frelatée des petits théâtres. — Mais nous moralisons ici à perte de vue, ce qui n'est pas notre affaire. Revenons à la description pure et simple.

Tout le monde se rappelle avoir vu, dans des temps plus prospères, les affiches du Combat avec les autres affiches de spectacles, à l'angle de tous les murs. Cette pancarte était ornée à sa partie supérieure d'une gravure sur bois très-curieuse et très-mirifique; on y voyait *le jeune et vigoureux taureau d'Espagne* faisant sauter en l'air une demi-douzaine de chiens éventrés dont les boyaux décrivaient de capricieuses arabesques, et dont le sang pleuvait en gouttes noires longues d'un pouce; des *piqueux* habillés en sauvages avec des cottes et des bonnets emplumés, comme les gardes du corps du bœuf gras, recevaient tendrement les victimes dans leurs bras, ou les rattrapaient au vol; d'autres sonnaient du cor ou se précipitaient sur l'*ours indomptable de la mer du Nord*, armés de lances et de harpons; en haut le *fameux bouledogue Maroquin, si connu pour la force de sa mâchoire*, s'enlevait dans une roue d'artifice, suspendu seulement par deux crocs. Tout cela dessiné dans le goût de la complainte du Juif-Errant et de la gravure de Pyrame et Thisbé, formait déjà un spectacle fort réjouissant ; suivait en termes pompeux la nomenclature des acteurs et de leurs prouesses. *Peccata*, *Martin*, *Carpolin*, et dix autres non moins célèbres dans le monde des garçons bouchers, et dont les noms ne nous reviennent pas. En bas se lisait cet avertissement : « Ici l'on vend de la graisse d'ours et autres (de pendu probablement) ; l'on prend les chiens en pension, à l'année ou au mois. Les maîtres d'agrément se payent à part. »

Cette bienheureuse affiche ne se voit plus nulle part, et c'est dommage.

Le Combat est situé entre Belleville et la Villette, immédiatement au sortir de la barrière qui porte ce nom ; faites quelques pas, et puis regardez à droite : vous verrez un mur gris percé d'une porte à panneaux rouges ; un grand escogriffe, grimpé sur le chaperon du mur, souffle à se crever les joues, dans une large trompe à pavillon, une fanfare aigre et discordante ; à côté de lui un singe accroupi fait des grimaces et se toilette très-activement ; sept ou huit chiens, la tête posée entre leurs deux pattes, tirent une aune de langue, glapissent et piaillent sur tous les tons possibles. Ce tapage aigu a pour base les abois plus étouffés de l'intérieur, le tonnerre grondeur des ours et le beuglement guttural des taureaux :.c'est le charivari le plus complet que l'on puisse imaginer.

Les belles places coûtent quarante sous, ni plus ni moins ; le double d'une avant-scène des Funambules ; — comme vous voyez, c'est un plaisir coûteux.

En dedans de la porte, à la place des contrôleurs et des ouvreuses, se prélassent dans des tonneaux treillissés et des cages de bois, des chiens de l'aspect le plus rogue et le plus menaçant ; de tous côtés ce ne sont que gueules rouges et enflammées, où des rangées de dents blanches se détachent terriblement sur un fond écarlate comme des lames de scie, ou des émanches de blason ; l'antique cerbère aux trois têtes toujours aboyantes devait avoir la mine moins rébarbative et faire moins de bruit avec sa triple gueule. Nous avons regretté les contrôleurs et les ouvreuses. Il y avait surtout un grand diable de lévrier noir mâtiné, qui paraissait animé du plus sincère désir de *manger de nous, mangiar di noi,* pour nous servir d'une expression dantesque, et qui se démenait éperdument dans sa niche pour arriver à nos mollets ; heureusement, la chaîne dont il était attaché était aussi courte que ses crocs étaient longs.

On monte aux loges et aux travées supérieures par un escalier assez pareil à celui de Montfaucon, et dont les marches bossuées offrent en grand les callosités d'une peau d'orange ; les loges, qui peuvent contenir une douzaine de personnes, et s'ouvrent sur un couloir obscur, ont pour soubassement les *loges* des animaux féroces destinés au combat.

Si vous voulez une *baignoire*, le *belluaire* ouvre une cage, donne un coup de pied au derrière à l'ours ou au loup qui l'occupe, le fait passer dans une bauge voisine, et vous met à sa place ; rien de plus simple. Vous êtes véritablement en loge grillée.

Le théâtre représente une cour carrée assez vaste, le milieu est sablé, ratissé à peu près comme le cirque de Franconi ; une bordure de pavage encadre cette arène, dont le point central est marqué par un anneau où l'on attache les bêtes fauves contre qui les chiens doivent se mesurer, car les ours, les taureaux et les loups ne combattent pas entièrement libres, et la longueur de leur corde est calculée, de manière à laisser tout autour, en dehors de leurs atteintes, une espace de huit à dix pieds, où les piqueux et les dogues rebutés ou blessés peuvent se mettre à l'abri. Une chaîne de fer fixée aux deux bords du toit, traverse la cour dans toute sa largeur ;

cette chaîne sert à suspendre les roues d'artifice et à faire les ascencions *à la force de la mâchoire.* A l'angle de la cour, on voit une petite porte basse, dont le vantail supérieur est taillade de meurtrières ; cette porte remplace la coulisse des théâtres ordinaires. C'est par là que messieurs les chiens font leurs entrées, non pas à reculons, comme Hamlet obsédé par l'ombre de son père, mais d'une manière assez pittoresque ; un valet les apporte tout brandis par la queue comme des bassinoires ou des casseroles, ou bien, s'ils sont trop lourds, on leur fait un pli à la peau du col et de l'échine, et on les empoigne en manière de pots à deux anses ; les efforts que font ces chiens à moitiés étranglés pour donner de la voix produisent des cacophonies et des piaulements enroués et éraillés les plus grotesques du monde : les valets ont des souquenilles jaunes et des pantalons rouges.

Le combat s'est ouvert par deux jeunes *bulls-dogs* d'une férocité extraordinaire et d'une laideur monstrueuse. Dès qu'on les eut posés l'un en face de l'autre, ils partirent comme deux flèches, en poussant un hurlement furieux et plaintif, et s'accrochèrent sans hésiter. Ces deux affreuses petites bêtes avaient le pelage café clair, ras, uni et dru; leurs corps ronds et sans plis faisaient l'effet de traversins bourrés outre mesure, dans lesquels on aurait fiché quatre allumettes pour figurer les pattes; leurs cous, d'une grosseur prodigieuse, étaient plus larges que leurs épaules qu'ils débordaient; dans ces cous athlétiques s'emmanchaient des têtes difformes, grosses comme des citrouilles, avec des mufles charbonnés, des museaux fendus à narines doubles, une mâchoire inférieure proéminente, des crocs formidables, retroussant la babine en manière de défense de sanglier, des yeux sanieux et sanglants, enfouis et comme perdus dans un dédale de rides et de plis, des oreilles déchiquetées en barbe d'écrevisse par les morsures des précédentes batailles, et sur tout cela des physionomies de vieilles portières, basses et méchantes à la fois.

Ils se colletèrent assez longtemps, engloutissant tour à tour leurs grosses têtes dans leurs énormes gueules et se déchirant le mufle à belles dents ; de nombreux filets de sang rose rayaient leurs corps, et il ne serait probablement resté sur le champ de bataille que la dernière vertèbre de la queue des combattants, si la galerie, touchée du courage des héroïques bouledogues, ne fût intervenue et n'eût crié : Assez ! assez !

Tous les efforts qu'on fit pour les séparer furent superflus, et l'on fut obligé de leur brûler la queue avec un fer chaud, moyen extrême, mais seul efficace.

Le bouledogue est, à ce qu'il paraît, un animal excessivement stoïque de sa nature, et la façon dont on reconnaît ceux qui sont de bonne race et dont on veut obtenir lignée nous semble passablement barbare et sauvage : on coupe une patte au bouledogue, puis on lâche un ours ; si le bouledogue mutilé, malgré sa souffrance, s'élance sur l'ours sans hésiter, il est de bonne race, il est *pur sang*, et ses descendants sont très-recherchés ; si, au contraire, il ne s'occupe que de sa blessure et cherche à se cacher dans quelque coin, c'est signe qu'il ne vaut rien, et les fins amateurs ne leur permettent aucune accointance avec leurs chiennes. Les *bulls-dogs* de lord Seymour sont, dit-on, obtenus de cette manière : c'est une épreuve tout anglaise et dont on ne se serait pas avisé en France.

A ce combat, succéda l'escarmouche plus innocente d'un mâtin de grande taille et d'un chien de Terre-Neuve tout noir, avec une tache blanche à la poitrine comme une hirondelle, assez pareil au célèbre Freyschütz de notre ami Alphonse Karr, mais moins belliqueux à coup sûr; ces deux animaux, après avoir échangé quelques morsures, déclarèrent l'honneur satisfait et se mirent à jouer ensemble, au grand mécontentement des dieux bras-nus de l'Olympe à dix sous, qui vociféraient à pleine gueule : « Apportez des bêtes qui mordent! nous sommes » volés, rendez-nous notre argent! » et autres menus propos injurieux pour la férocité des bêtes de l'endroit.

Alors on fit sortir un loup ; museau pointu, queue serrée entre les jambes, œil inquiet et sournois, oreille mobile alternativement couchée et levée, une laide bête. Ce loup, après avoir commis plusieurs incongruités de mauvais augure pour son courage, se mit à tourner en rond comme dans un manége; sa manière de marcher était singulière : il levait les pattes de devant très-haut et se balançait sur les premières articulations, à peu près comme un cheval trotteur : l'allure du chien n'a rien de commun avec cette démarche nerveuse et saccadée : de temps en temps il s'arrêtait et regardait d'un air méditatif la porte par où devait venir son ennemi.

La porte s'ouvrit, et il en sortit un homme portant un chien dans ses bras. Le chien ne fut pas plus tôt posé par terre, qu'il courut droit au loup en brave et bon chien. Le loup rangea sa queue sous son ventre, s'affaissa sur son train de derrière et attendit ; car, chose remarquable, quelle que soit la bête donnée pour adversaire, c'est toujours le chien qui attache le grelot et commence la bataille.

Cette fois la lutte fut sérieuse, et la fortune allait incertaine du loup au chien et du chien au loup; les deux bêtes se renversaient, se foulaient aux pieds, et se mordaient consciencieusement; tous deux étaient souillés de sang, d'écume, de poussière et de bave. Le loup avait pris le chien sous la gorge, mais le chien lui rongeait le dessus de la tête; le loup, outré de douleur et aveuglé par son sang, lâcha prise un instant; le chien, dégagé, fit un saut en arrière, et, s'élançant de nouveau, emporta un grand lambeau de chair de la cuisse de son adversaire : ce qui ajoutait encore à l'intérêt de ce combat, c'était les cris et les gestes frénétiques du propriétaire du chien, qui en suivait les alternatives avec la sollicitude la plus passionnée. Il exhortait son chien, il lui adressait des conseils : « Saute-lui au cou, mords-le, déchire-le, ce gredin, ce brigand de loup; ô le brave chien ! Prends-le à l'oreille, mon petit, c'est plus sensible; comment! toi, tu te laisserais battre par un mauvais loup pelé, un loup galeux, éreinté, qui n'a que le souffle; tu ne devrais faire qu'une bouchée d'une rosse pareille; ah ! canaille de chien, tu renonces; tu veux que je meure de honte; je te rouerai de coups, tu verras : terre et sang, Dieu et diable ! Il est dessous maintenant, le loup l'a pris en traître ; ah ! seigneur Dieu ! mon chien, mon bon chien ! Allons, un bon coup de mâchoire et casse-lui les reins ; bravo ! » et il trépignait, il se démenait, il hurlait, il écumait, il aboyait, il aurait sauté lui-même à la gorge du loup et l'aurait déchiré à belles dents comme un chien naturel. C'était un homme de vingt-huit à trente ans, d'une figure pâle et fine, encadrée d'une large barbe noire et se rapprochant du type italien, quelque modèle sans doute.

On sépara les combattants, car l'avantage ne se déclarait pour aucun, et le crépuscule commençait à tomber.

Une chose singulière, c'est que jamais les animaux, ours, loups, chiens et bouledogues, ne se retournent pour mordre les parieurs et les piqueurs. Ils se battent seulement entre eux, et si, quand deux chiens sont aux prises, on fait paraître une autre bête, ils se lâchent aussitôt et courent ensemble à celle-là.

Après le loup, on fit paraître un ours, successeur ou doublure de *Carpolin* : l'ours, réjoui de se trouver en liberté, et excité par les fanfares du cor, se mit à danser assez en cadence, ma foi! Et pour compléter la bouffonnerie, tous les autres ours en cage, imitant leur confrère, se mirent à trépigner lourdement et à faire des cabrioles dans leurs bouges; ce ballet d'ours était fort récréatif; mais la joie de M. l'ours fut de courte durée, car on lui mit aux trousses une demi-douzaine de dogues qui le firent détaler au grand galop et quitter sa position de bipède pour celle de quadrumane : soit par lâcheté, soit qu'il dédaignât de si faibles ennemis, il courait devant la meute sans se défendre; seulement, il se retournait de temps en temps, s'asseyait sur son derrière, penchait la tête et regardait les chiens, qui faisaient cercle autour de lui, en renâclant d'une manière formidable. Cette espèce de râle guttural et nasal est tout ce que l'on peut entendre de plus effrayant en fait de cris de bêtes féroces. Aussi fait-il reculer les chiens les plus hardis.

Le profil de l'ours acculé surpasse en laideur les faces les plus monstrueuses. Cela tient du cochon et du brochet ; le nez est long, busqué, cambré en dedans, avec une narine rebroussée formant au bout du museau une espèce de bourlet tuberculeux ; la mâchoire inférieure ressemble à une mâchoire de poisson ; un petit œil rond, un œil de rat ou de taupe, bleuâtre dans la lumière, fauve dans l'ombre, complète cette gracieuse physionomie. Cette tête mince, osseuse, effilée, sortant de cet énorme paquet de poil, produit l'effet le plus étrange : on dirait une levrette passant à travers un bonnet de garde national effondré, ou un merlan enveloppé avec de la laine. Le combat de l'ours et des chiens n'eut d'autres résultats que quelques soufflets solidement appliqués pour ceux-ci et quelques flocons de poil arraché pour celui-là.

Le fameux taureau d'Espagne, que nous soupçonnons violemment n'avoir pas besoin de lettre de grande naturalisation, remplaça l'ours dans l'arène. Fidèle à l'ancienne gravure de l'affiche, il fit voler beaucoup de chiens et de sable en l'air; mais, comme ses cornes avaient été mornées et emmaillotées préalablement, nous fûmes privés des arabesques de boyaux et des pluies de sang.

Les chiens pirouettant à dix pieds du sol, faisaient les mines les plus comiques. Auriol ne cabriole pas avec plus de grâce; les gardiens, comme nous l'avons dit, les rattrapent au vol avec beaucoup de prestesse, ce qui n'empêche pas toutefois qu'il n'en tombe quelques-uns assez durement par terre ou sur les grillages des loges.

Au taureau succéda un âne. Vous croyez peut-être qu'il fut déchiré et mis en pièces : point du tout. Il prit un petit galop de chasse et se mit à manéger autour de l'enceinte, serrant le mur d'assez près pour être à couvert de ce côté; puis avec des ruades et des piétinements, des voltes subites, des pétarades et des soubresauts inattendus, il dérouta et rossa parfaitement les quatre mâtins que l'on avait mis à sa poursuite, et cela, sans que ses longues oreilles proverbiales eussent reçu la moindre atteinte; pourtant, ce n'était pas la prise qui manquait : c'est un des animaux qui se sont le plus courageusement battus. L'acharnement avec lequel il broyait les chiens sous ses sabots nous conduit au paradoxe suivant : « L'âne est le plus féroce de tous les animaux ! »

La représentation se termina là. Aussi bien il ne faisait plus jour, et la pluie commençait à tomber en larges gouttes.

FIN DE ZIGZAGS.

TABLE DES MATIÈRES.

Un tour en Belgique.   PAGE   1
Une journée a Londres.   129

POCHADES, ZIGZAG ET PARADOXES.

   I. Idées rétrogrades.   197
  II. Paysage et Sentiment.   207
 III. Nègres, White-Horses et Moutons.   213
 IV. Yeux Verts et Talons roses.   219
   V. Puchero.   231
 VI. Têtes d'anges.   241
VII. Parenthèse.   247
VIII. Orthopédie.   253
 IX. Concession aux Béotiens.   259
   X. Spleen, Enterrement, Tunnel.   261
 XI. Réflexions profondes.   271
VII. Venise à Londres.   275

Venise.   287

VOYAGE HORS BARRIÈRES.

Montfaucon.   307
La Ville des rats.   323
La Barrière du Combat.   337

FIN.

Imprimerie DONDEY-DUPRÉ, rue Saint-Louis, 46, au Marais

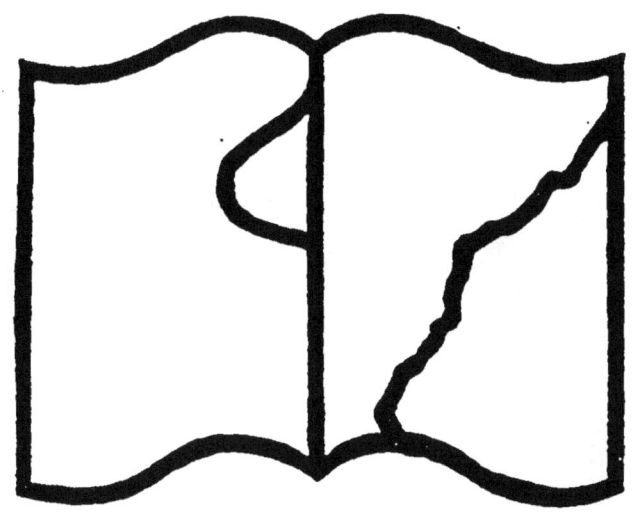

Texte détérioré — reliure défectueuse
NF Z 43-120-11

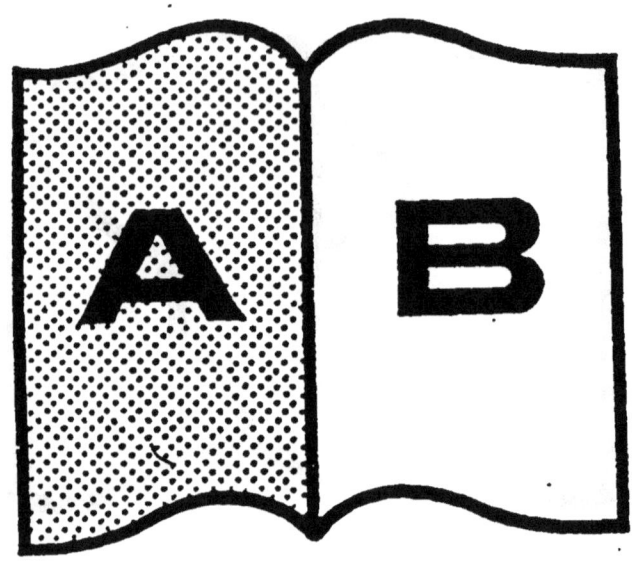

Contraste Insuffisant
NF Z 43-120-14

www.ingramcontent.com/pod-product-compliance
Lightning Source LLC
Chambersburg PA
CBHW050806170426
43202CB00013B/2587